JN007446

谷繁ノート

強打者の打ち取り方

TANISHIGE-NOTE

谷繁元信

光文社

はじめに

「球技はおしなべてフェイントである」

サッカーのＦＩＦＡワールドカップで主審を務めたこともある西村雄一レフェリーの言葉を伝え聞いた。言い得て妙だと感じた。

サッカーは、あちらに蹴(け)ると見せかけて、こちらに蹴る。卓球は、あちらに打つと見せかけて、こちらに打つ。テニスもあちらに打つと見せかけて、こちらに打つ。ラグビーは、あちらにパスすると見せかけて、こちらにパスしてトライする。

そして、野球は外角に投げると見せかけて、内角に投げる。変化球と思わせて、ストレートを投じる。

野球が他のスポーツと違うのは、攻守が「表裏一体」ではなく、攻撃と守備が完全に分かれていること。また、コンタクトスポーツではないこと。身体的に恵まれているとは言えない日本人であっても、最大の特長である勤勉なデータ分析を活用して勝てるのである。

私が若いころ、横浜のバッテリーコーチ・監督として薫陶(くんとう)を受けた大矢明彦さんに、こんな指導をされた。

「試合終了後、1試合すべての130球前後。スコアブックを見ないで、配球を思い出せるようにしなさい」

大矢さんはヤクルトで実に6度のダイヤモンドグラブ賞（現・ゴールデングラブ賞）に輝いた往年の名捕手だ。

最初の5年間くらいは「そんなこと絶対無理だ」と思っていたのが、横浜で優勝した98年には、スコアブックを見ずとも15分ですべてを思い出して言えるようになっていた。

当然ながら、私は打者を「観察・洞察したノート」を取っていた。中日にFA移籍して、リーグ制覇4度、日本一1度。口はばったくて恐縮だが、地道な努力は結実した。

「こういうタイプの打者には、こんなリードをするんだよ」と机上で語っても、あまりに漠然としていて理解するのは難しいだろう。

ならば、具体的に選手を抜粋して、攻略法を紹介するほうが、実践的で現実味がある。私が現役時代に対戦した「打点王」「首位打者」「本塁打王」「盗塁王」を中心に、並みいる強打者・巧打者に絞って40人を厳選した（私がずっとセ・リーグの球団に在籍していたため、セ・リーグの打者が中心となってしまうことをお許しいただきたい）。

――初公開。「谷繁ノート」。とくと、ご覧あれ。

プロローグ

●投手に大事なのは「コントロール」。球種には優先順位をつける

「スピード」「コントロール」「変化球（緩急）」。投手にとって3つの中で一番大切なのはどれかというのは、非常に難しい問題だ。

スピードがあっても、コントロールがなかったら駄目。コントロールだけよくても、キレがなかったら駄目。タイミングを外すために変化球（緩急）がある。

スピードが重視される現代野球だが、**やはり捕手の立場からすると「コントロール」が大切だ。**

ボール球が少なく、ストライクを多く投げられる投手が「コントロールのいい投手」と思われがちだが、私の考えは違う。**ストライクゾーンを左右高低に3つずつ区切って9分割。さらに外側ボールゾーンに1枠ずつ加えて25分割。**「本当にコントロールがいい」とは、

この25分割のエリアに投げ分けられる投手のことだと私は思う。

現代の投手は少なくとも4つの球種を持っている。**たとえばストレートがAランク、フォークボールがBランク、スライダーがCランク、シュートがDランク。各投手の球種に、私はこのように優先順位をつけていた。**

若い捕手は、えてしてAランクの球種を「勝負球」として「弱点エリア」に投げさせるリードに走りがちだ。投手が首を横に振るのであれば、Bランク、Cランク……となっていく。しかし年輪を重ねるにつれ、私は全球種を「勝負球」「カウント球」として使えるよう、投手とともに練習を積んだ。そうやって勝負できる選択肢を広げていったのだ。

●谷繁流「配球」は、「弱点エリアの打率をさらに下げる」ことにある

ストライクゾーン9分割の中で、ある強打者の「内角高目の打率が2割5分」、それ以外の8か所は3割だとする。しかし9回裏0対0の勝負の場面、その内角高目に投げて痛打を浴びれば敗戦だ。だから「内角高目」の打率を、さらに低めなければならない。

たとえば内角高目にストレートではなくスライダーを投げることも必要になってくる。

さらに違うエリアに投げさせることも必要だ。ストライクゾーンはもちろん、ボール球エリアを使うことも必要になってくる。

すなわち、一番打率の低いエリアの確率をさらに下げるため、ほかの球種を投げさせる。ほかのエリアに投げさせる。それが「配球」なり「リード」だと私は考えているのだ。

私は当初**「打者の弱点を突く」**リードをしていたが、徐々に**「投手の長所を引き出す」**ようになった。最終的には投手と打者に応じて両方を併用するようになった。なぜなら投手が好調なら「打者の弱点を突きながら、投手の長所を引き出す」し、反対に投手が不調なら「投手の長所を引き出しながら、打者の弱点を突く」ことになるからだ。

さらには、打者に捕手のリードを意識させる**「捕手中心」のリード**。最終的には3つのリードのミックスとなった。

リードするとき当然ながら打者のデータは頭に入っている。**打者の「どこがウィークポイント（弱点）か」「どこがストロングポイント（得意）か」**というデータだ。

●「打点王」「首位打者」「本塁打王」へのリードの違い

捕手の私は、試合に臨む前に各打者の資料をスコアラーからもらって全部調べていく。

「打点王」になるほどの打者はチャンスに強い。勝負強い、ということはある意味、「決め打ち」ができる、腹をくくれる、ヤマを張るタイプの打者だと私はとらえている。**だからヤマを何とか外すことを考えてリードする。**本塁打が多い打者は当然打点も増えるから、打点王と本塁打王が重複することは多い。

私が打撃成績の中で最も重視しているのが、この「打点」だ。打点はチームが勝つために重要なもの。打点の多さがどれだけ勝利に貢献したかの指標になる。だから、この本も「打点王に対してのリード」を1章におくことにした。

2章で取り上げる**「首位打者」**のタイトルを獲(と)るような打者は、穴がない。ストライクゾーンの9分割で言えば、打てないエリアは2か所ぐらいしかない。ならば、その2か所をバッテリーが攻め切れるかと言ったら、やはり難しい。しかも首位打者を獲れるような打者だけに、ストライクゾーンの中はほぼヒットにできるような力を持っている。

だから苦手エリアとか得意エリア以外に、**緩急をしっかり付けるなどの工夫をしてスイングの形を崩し、本来のスイングができないようにさせる。**

ときには（誘い球を投げて）打ち損じを待つ。だが逃げてばかりいると、首位打者を獲るような打者は、やはり選球眼もいいから抑えるのは難しい。極端な話、歩かせてもＯＫ。そもそも打率が高いというのは、抑えるのが難しいことを意味する。抑えるのが難しいから打率が高いのであって、一番抑えづらいのは首位打者タイプだ。

３章で取り上げる**「本塁打王」**を獲るほどの打者でも、さすがにストライクゾーン９分割のすべてを打てるわけではない。**だから本塁打を一番打たれている箇所をどれだけ避けられるか**にかかっている。

つまり「エリア」（９分割）なり、「コーナー」（内角高目、内角低目、外角高目、外角低目）なり、「コース」（内角、外角）なり、どこにツボがあるか。

そこを避けることをまず頭に置いてリードする。

4章では盗塁王、すなわち**「俊足で出塁させるとうるさい打者」**にも言及した。それも「打者」と「走者」の立場で対戦した選手である。

基本、セ・リーグで打者三冠部門か盗塁王のタイトルを獲得した選手を組上（そじょう）に載せた。

私は幸運にも4回のノーヒットノーランに立ち会っている。――**「強打者の打ち取り方」**、くわしくは本編に譲るとしよう。

選手のプロフィールについて

日本人選手の名前は、現役時代の最後のＮＰＢ（日本野球機構）での登録名を記載しています。外国人選手の名前は、目次にはＮＰＢの登録名を記載（タフィー・ローズはＴ・ローズ、ロバート・ローズはＲ・ローズと記載）、プロフィールにはフルネームを記載しています（ミドルネームは除く）。

守備位置は主についたポジション（投手・捕手・内野手・外野手の４分類）を記載しています（複数の場合もあります）。

生年は西暦（１９××年）の下２ケタで表記し、出身国もしくは都道府県、身長・体重（現役時）、投打の左右の別、の順に記載しています。

ドラフト順位の項目では、「会議があった年」ではなく「実際にプレーを始めた年（西暦の下２ケタ）」を記載しています。

通算の年数は、一軍での実働年数ではなく、実際にプレーを始めた年から引退した年までの年数を記載しています。

通算成績は、現役年数、出場試合、安打、打率、本塁打、打点、盗塁の順に記載しています。日本人選手でメジャー・リーグを経験した選手は日米通算の数字を、外国人選手はＮＰＢでの数字を記載しています（いずれも、ファームでの数字は除く）。

タイトルは、首位打者、本塁打王、打点王、最多安打の順に記載しています。

表彰は、ＭＶＰ、ベストナイン、ゴールデングラブ賞（「ダイヤモンドグラブ賞」として72年制定）の順に記載し、続いて、球宴出場回数を記載しています（メジャー・リーグのシルバースラッガー賞は「ベストナイン」として加算、同じくメジャー・リーグのゴールドグラブ賞は「ゴールデングラブ賞」として加算しています）。

主な記録は、日本記録、セ・リーグ記録、パ・リーグ記録、メジャー・リーグ記録などを記載しています。

数字・記録（本文も含む）は２０２２年シーズン終了時点のものです。

【第5章】印象深い打者に対してのリード　155

カバーデザイン／松沢順一郎
本文デザイン／石川直美
企画・構成／飯尾哲司

【第１章】

打点王に対してのリード

—01—

落合博満

内野手

独特な指の力の入れ方で バットを握る。打撃の天才

●53年12月9日生まれ、秋田県出身。178センチ、82キロ。右投げ右打ち

●秋田工高→東洋大中退→東芝府中→ロッテ（79年ドラフト3位～86年）→中日（87年～93年）→巨人（94年～96年）→日本ハム（97年～98年）

★通算20年＝2236試合、2371安打、打率・311、510本塁打、1564打点、65盗塁

★首位打者5回、本塁打王5回、打点王5回、最多安打1回

★MVP2回、ベストナイン10回、球宴15回

★主な記録＝三冠王3回、両リーグ200本塁打、1試合6四球

落合博満さんはパ・リーグのロッテで2年連続を含む計3回の三冠王。

最近、何かのテレビ番組で落合さんの特集を組んでいた。パ・リーグ時代、通算３１７勝の鈴木啓示（けいし）さん（近鉄）のストレート、２８４勝の山田久志さん（阪急〈現・オリックス〉）のシンカー、２５１勝の東尾修さん（西武）のスライダー、１４３勝の山内新一さん（巨人→南海〈現・ソフトバンク〉）のスライダー、１３０勝の今井雄太郎さん（阪急→ダイエー〈現・ソフトバンク〉）のシュート。つまり、エースの決め球だが、**「エースは2ストライクに追い込んだら三振を取りに、決め球を投げてくる。だから、その投手の一番いい球を待っていて、打てばいい」**と、いとも簡単そうに語っていた。山田さんは通算２００勝がかかった試合で３本塁打された。「そこまで打たんでエエやろ」と苦笑交じりに当時を述懐していた。

87年、中日の牛島和彦投手（中日→ロッテ）らをはじめとする1対4のトレードが成立。翌88年「星野仙一・中日」2年目のリーグ優勝に貢献。89年と90年は打点王。90年と91年は本塁打王。

さらに、41歳になる94年にＦＡで「長嶋茂雄・巨人」に移籍して、４番打者として94

年・96年にリーグ優勝の原動力になった。伝説の94年「10・8決戦」のときは、中日のエース・今中慎二投手から先制ソロアーチを放っている。

私が捕手として自信めいたものをつかんだのはプロ8年目の96年、横浜（現・DeNA）が優勝したのはプロ10年目の98年。落合さんは97年、西武からFA移籍した清原和博さん（西武→巨人→オリックス）と入れ替わりで日本ハムに移った。結果的に落合さんの巨人の最終年になった96年に関しては、そういう意味でそれなりにリードに自信を持っての対戦になっていた。

それにしても96年の落合さんは43歳。年齢的に休みながら試合に出たのだろうが、106試合で113安打の打率・301、21本塁打で86打点。「すごい」のひと言で済ませるのはナンだが、やはりすごい。

落合さんのどこがすごいかと言えば、やはりバットコントロールだと思う。いい打者に共通するが、特に落合さんにはそう感じた。対戦した投手がよく話す落合さんの打撃への印象は「スイングスピード自体はそんなに速く感じないが、軽く振った打球がライト方向にヒューンと伸びていく」というもの。

そういうバットの使い方、力の使い方を自分で研究したのだろう。だから独特と言えば独特、独自のものがある。しかし、あれを誰かが真似できるかと言えば、真似できる打ち方ではないのだ。


落合さんの引退後、みずから「オレの弱点は外角低目だった。ただ、内角の投球を広角に打てるし、ライト方向へ多く飛ばせるので、相手が勝手に『外角は危ない。勝負するなら内角だ』と得意な内角ばかりに投げてきて助かった」と語っている。

高津臣吾さん（ヤクルト→ホワイトソックス→メッツ→ヤクルト）と古田敦也さんのヤクルトバッテリーは、「構えたときのヒジの少し下を狙ってピンポイントで内角に投げた」そうだ。

有名な話だが、通算500安打、1000安打、1500安打、2000安打、もっと言えば通算1000試合出場、2000試合出場と節目の記録はすべて本塁打で達成している。すなわち「狙って打った」ということだろう。

本塁打を狙って打てる技術はやはりあったと思う。そうでなければこの成績は出せない。捕手として打者の後ろから見ていて、ご本人が言う「一番嫌いな外角低目」にしても、ヒットにするだけなら簡単なんだろうな、と。

一方、内角の体の近目にボール球を投げられるのはすごく嫌そうだなというのは感じた。そこから少し甘くなると落合さんの好きなところに行ってしまうのだが、**簡単にヒットを打たれる外角をさらに遠く見せたいと思って、体の近くに意識的に多く要求しないと抑えられない強打者だった。**

外角球の出し入れが投球の中心の投手とか、左投手への対応はさすがに上手くて全然苦手意識を感じなかった。あの佐々木主浩さん（横浜大洋〈現・DeNA〉→マリナーズ→横浜）のフォークボールにしても、「フォークと思うから落差があるように感じる。速いカーブと思って打てばいい」と、結構とらえていた。

唯一、私の横浜時代、シュート・ピッチャーである盛田幸妃さん（横浜大洋→近鉄）が苦手だったようだ。投球自体がストライクゾーンに来たら問題ないのだろうが、かなりの威力で内に食い込む球種がある投手は嫌がっていた気がする。嫌がるというのは、体にぶつけられるという意識が多分にあったからだと思う。

打席に入るとき、必ず「わかっているな」と捕手の私にひと言。つまり、「シュートを投げさせるな」ということ。若い私たちバッテリーは結果を出さないと次がないので、困ったらシュートの連投だったが……（笑）。（50打数9安打、打率・180）

「ぶつけられるのが嫌だから打席の一番前のほうに立って長いバットを振っていた」とも聞いたことがある。右足は打席のラインにかかっていたくらい。左足のステップを少し開き気味に打ちにいく。だが、左肩は開かない。

バットは細くて長く（87・6センチ）、皆さんご存じの「神主打法」。バットを立てて、本当にリラックスして構える。

通算四球1475個は王貞治さん（巨人）に次ぐ史上2位。ご本人は「四球は打率を上げる最大の武器」と話していた。当然、選球眼もすぐれていた。自分がボール球と思って見逃した投球を球審がストライクとジャッジしたら「いっぱいか？」と、よくストライクゾーンを確認していた。

落合さんが中日の監督だった時代、打撃について実際に尋ねたことがある。

「バットのグリップは軽くしか握っていない。スイングの最中、インパクトに近づくにつれ、瞬間的に小指、薬指、中指……、と順に握って力を入れていく」

するとバットのヘッドが走って投球に負けないということだろう。

練習のとき試してみた。

（スイングの最中だよな。普通の打者に……できるわけねーな）

だから、落合さんはやはり凡人ではない（苦笑）。まさしく打撃の天才だ。

—02—

広澤克実

内野手

ヤクルト・巨人・阪神で
4番、優勝

●62年4月10日生まれ、茨城県出身。185センチ、99キロ。右投げ右打ち
●小山高→明大→ヤクルト（85年ドラフト1位～94年）→巨人（95年～99年）→阪神（00年～03年）
★通算19年＝1893試合、1736安打、打率・275、306本塁打、985打点、78盗塁
★打点王2回
★ベストナイン4回、球宴8回
★主な記録＝サイクル安打。連続試合出場1180

野村克也さんが標榜（ひょうぼう）した「ＩＤ野球（データ重視・活用）」が最終的に大事にするのは、「投手力を含めた守備面」だが、即効性は打撃面に現れるそうだ。

それまで打率3割を打った経験がなかったヤクルトの広沢克己さん（当時の表記）、同じくヤクルトの池山隆寛さん、阪神の矢野燿大（あきひろ）さん（中日→阪神）、楽天の鉄平（中日→楽天→オリックス）、同じく楽天の高須洋介（近鉄→楽天）らは、野村さんの監督就任1年目で打撃に進境を見せ、初めて打率3割をマークした。

広澤さんはさらに91年・93年と打点王を獲得し、93年は落合博満さん（中日）を抑えて、一塁でベストナインを獲得している。

その後、広澤さんは95年に巨人にＦＡ移籍。以下は97年の豪華な巨人打線だ。

1番二塁・仁志（にし）敏久（巨人→ＤｅＮＡ）、2番遊撃・川相（かわい）昌弘（巨人→中日）、3番中堅・松井秀喜（巨人→ヤンキースほか）、4番一塁・清原和博、5番左翼・広沢克（かつみ）（当時の表記）、6番三塁・元木大介、7番右翼・清水隆行（巨人→西武）、8番捕手・村田真一。

一発を秘める打者が並ぶと嫌なことは嫌だ。しかし、当時の巨人打線は機動力を使うチームではなかったので、線として繋（つな）がらないように一人ひとり分断することを心がけた。

97年、私が在籍した横浜は2位。私もまだ出たてでレギュラーにやっとなれたぐらいなので、必死に抑えにいった。

広澤さんは投球を待つとき、バットを持つグリップを上下にヒッチさせてタイミングを取る打者だった。バットを握る両手を後ろに引くテイクバックでタイミングを取る打者がいれば、バットをトップの位置に最初から持っていっている打者もいる。人それぞれだ。

広澤さんはヤクルト時代に8年連続100三振。通算306本塁打。印象からするともっと本塁打を打っていると思ったのだが、勝負強さの打点王を2度だけとは意外だった。

配球を読んで、「待ち球」が当たったときにヒットや本塁打にする確率はすごく高かった。それだけに配球を間違えないように何とかしようと対戦に臨んだ。

キレのある変化球。外に逃げるスライダーを持つ斎藤隆さん（横浜大洋→ドジャースほか→楽天）のようなタイプが広澤さんは苦手そうだった。反対に、半速球の甘い球を打つのが上手かった。

ほとんどの打者がそうだと思うが、横浜の佐々木主浩さんを苦手にしていたイメージがある。「ストライクを取る」「振ってきそうになったらストライクからボールになる」「空振りを取る」など、フォークボール4種類を投げ分けていた佐々木さんを打つのは至難の業だ。その打席に1球か2球しかない「ストレートを一振りで仕留める」「ストレートをミスなく打つ」ということが攻略法になるだろう。

広澤さんは00年に阪神に移籍し、03年ダイエーとの日本シリーズ第7戦9回の現役最終打席に和田毅（ダイエー→カブス→ソフトバンク）から代打本塁打を放っている。

「野村克也・ヤクルト」「長嶋茂雄・巨人」「星野仙一・阪神」と、在籍した3球団すべてでリーグ優勝を味わい、個性的な3監督に4番を任された選手である。

—03—

江藤　智

内野手

「東の江藤、西の谷繁」。内角打ちが上手い長距離砲

●70年4月15日生まれ、東京都出身。182センチ、95キロ。右投げ右打ち
●関東高→広島（89年ドラフト5位〜99年）→巨人（00年〜05年）→西武（06年〜09年）
★通算21年＝1834試合、1559安打、打率・268、364本塁打、1020打点、82盗塁
★本塁打王2回、打点王1回
★ベストナイン7回、ゴールデングラブ賞1回、球宴6回
★主な記録＝シーズン12犠飛（リーグタイ）。1試合10打点（リーグタイ）

江藤智（あきら）は私と同い歳で、高校時代は「東の江藤、西の谷繁」と呼んでもらった。
江藤が入団時に背負った背番号「51」がその後、前田智徳、鈴木誠也（広島→カブス）、小園海斗（こぞのかいと）に引き継がれる広島の「出世」の番号となる。

江藤ももともと私と同じ捕手でプロ入りしたが、三塁手に転向。練習、練習によって打撃面でプロで生きていく術（すべ）をつかんだ。元から遠くへ飛ばす力を有していたが、練習と努力で形にした選手だ。

プロ5年目の93年に初の規定打席到達、全試合出場。その93年・95年と本塁打王、95年は打点王との二冠。93年から9年連続「25本塁打・75打点」。

3割も2度マークするなど、打率も残した。佐々木主浩さんのフォークボールも、バットのヘッドに引っ掛けて、三遊間に上手く持っていった。しかし、斎藤雅樹さん（巨人）の力強い「真っスラ」（ストレートがややスライドする球）とカーブを苦手にしていたらしい。

右の強打者で、足もそれほど速くないのに、プロ21年間で通算92併殺打はかなり少ない。

96年の広島打線は、１番右翼・緒方孝市が出塁、２番二塁・正田耕三がつないで、３番遊撃・野村謙二郎と４番三塁・江藤智が走者を還し、５番中堅・前田智徳、６番一塁・ロペス（広島→ダイエー→米独立リーグ→広島）、７番左翼・金本知憲（ともあき）（広島→阪神）がダメを押す。さらに８番捕手・西山秀二（南海→広島→巨人）も打率３割。「ビッグレッドマシン」の異名を取るリーグ随一の打線だった。

だが８月末、巨人戦で仁志敏久選手の三塁ゴロがイレギュラーバウンドして、江藤の顔面を直撃し、眼窩底（がんかてい）骨折。それまで打率・３１４、32本塁打79打点と申し分のない成績を残していた４番が戦線離脱することによって、巨人に最大11・５ゲーム差を大逆転される「メークドラマ」を許してしまった。

その巨人にFA移籍した00年、翌01年と2年連続ベストナイン。私がＹｏｕＴｕｂｅで配信している「谷繁ベースボールチャンネル」の対談で阿部慎之助に聞いたのだが、やはり「ＦＡで巨人に移籍してきた選手にはかなりのプレッシャーがのしかかる」らしい。そんな中、２年連続して30本90打点近くの立派な数字を残しての受賞だった。

思えば00年のリーグ優勝を決めた試合、敗色濃厚の展開で中日の「守護神」ギャラードからの９回同点満塁弾は印象深い（そのあと二岡智宏〈巨人→日本ハム〉のサヨナラ弾で優勝決定）。

とはいえ、同級生だからこそ、あまり打たれたくなかった（笑）。１軍出始めのころ、ストレートはしっかりとらえていたが、外角に逃げる変化球に少し脆さがあった。それを徐々に克服し、変化球が少しストライクゾーンに入るととらえて、スタンドまで持っていく。**内角は差し込まれそうになっても、腰がクルっと滑らかに回転して、さばくのが上手かった。**

当時、私たちが対戦した広島市民球場と横浜スタジアムは、両方狭い球場で、「え、こんな当たりでもスタンドに届いちゃうの？」という思い出も正直ある。

広島に11年、巨人に６年。巨人にＦＡ移籍した豊田清投手（西武→巨人→広島）のＦＡ補償選手として西武で４年。余談だが、闘争心があるのかないのか、わからないくらいの「いい人」。西武に行ってからもずっと人望が厚かった。

—04—

金本知憲

外野手

打者の美学。「2ストライク後の勝負と見極め」

●68年4月3日生まれ、広島県出身。180センチ、88キロ。右投げ左打ち

●広陵高→東北福祉大→広島（92年ドラフト4位～02年）→阪神（03年～12年）

★通算21年＝2578試合、2539安打、打率・285、476本塁打、1521打点、167盗塁

★打点王1回

★MVP1回、ベストナイン7回、球宴11回

★主な記録＝サイクル安打、トリプルスリー、連続フルイニング出場1492試合

金本知憲さんは私より2歳上、広島県出身の先輩である。また東北福祉大に進学したので、私と馴染(なじ)みが深い佐々木主浩さんや斎藤隆さんと同じ釜の飯を食った間柄だ。

金本さんが広島時代、私は横浜。金本さんが阪神時代、私は中日のユニフォームをまとった。

金本さんの広島時代の主な達成記録は99年サイクルヒット。00年トリプルスリー。**01年１００２打席無併殺打**――「チームで1試合27個しか使えないアウトを自分だけで1度に複数使ってしまうな」。前出の江藤智選手もそうだったが、入団して最初にそれを教え込まれ、最後まで全力疾走をやり続けたのだと思う。プロ21年間で併殺打は通算96個だけだ。

星野仙一監督に請(こ)われ、03年にＦＡで阪神に移籍した。伊良部(いらぶ)秀輝さん（ロッテ→ヤンキースほか→阪神）、下柳剛さん（ダイエー→日本ハム→阪神→楽天）、ウィリアムスとともに新加入。85年以来18年ぶりの優勝に貢献した。

04年打点王。左手首を死球で痛めながら、右手一本で巨人の高橋尚成(ひさのり)投手（巨人→メッツほか→ＤｅＮＡ）から安打を放ったシーンも見る者の心を打った。05年は全１４６試合出場１８３安打、打率・３２７、40本１２５打点でＭＶＰに輝いた。

デビューした広島時代、全部フルスイングのような印象があった。その分、穴も大きかったが、年々レベルが上がっていった。もともと「振る力」「体の力」があったところに、さらに練習で力をつけていった感じがする。

金本さんがレギュラーになったあたりからは、**「狙い球」と「配球」の読み合いだった。**

先日、テレビ番組で対談する機会があったのだが、金本さんは言っていた。

「技術がなかったから来た球をそのまま打てないので、配球を読んで打たないといけなかった」

スコアラーから報告も入っていたが、金本さんはファーストストライクをほとんど振ってこなかった。疑問をそのときにぶつけてみたら、返ってきた答えが実に振るっていた。

「投手のウイニングショットを打ちたかったんや。それで相手にダメージを与えたかった。だから1球目を打たなかった」

（はっはー。さすが金本さん、やるなー！）

「追い込まれてからのウイニングショットを打ちたい。とはいえ、追い込まれたらそうは打てるものじゃない。だから四球狙いに切り替えて、投球をカットして見極めて四球を取ることも考えた」

それが王さん・落合さんに次ぐ史上3位の通算１３６８四球という結果を残しているということだ。一方、通算１７０７三振も史上６位。しかし、打者としての美学を感じる。

当時は初球を打ってこない理由がわからなかったが、打席の中でいろいろ考えている打者であることが肌で感じられた。**いずれにせよ超一流打者との駆け引きは、捕手として面白かった。**

金本さんが苦手にしていたのは中日の岩瀬仁紀（ひとき）だ。岩瀬は結構コントロールがいいのだが、左投手の投じる、打者の背中のほうから来るスライダーや、懐（ふところ）に食い込むシュートが、金本さんのときに限ってなぜか抜け気味だった。死球になるような感じだった。

左投手の田辺学さんとか河原隆一（いずれも横浜）も苦手だったそうだ。

—05—

アレックス・ラミレス

外野手

「狙い球」をいかに外すかの読み合い

●74年10月3日生まれ、ベネズエラ出身。180センチ、100キロ。右投げ右打ち
●サンアントニオ・デ・パウラ高→インディアンスほか→ヤクルト（01年〜07年）→巨人（08年〜11年）→DeNA（12年〜13年）
★通算13年＝1744試合、2017安打、打率・301、380本塁打、1272打点、20盗塁
★首位打者1回、本塁打王2回、打点王4回、最多安打3回
★MVP2回、ベストナイン4回、球宴8回
★主な記録＝外国人選手・右打者で初のシーズン200安打。外国人選手・右打者初の通算2000安打

ラミレスは01年ヤクルト優勝のシーズンが来日1年目。当時は7番を打っていた。外角低目ボール球のスライダーに必ず手を出し空振り三振。以来、7年連続100三振。しかし、年々日本の野球に順応していった。もともとその高い技術を私はマスク越しに感じていた。

ラミレスはヤクルトで同僚だったペタジーニ（ヤクルト↓巨人↓レッドソックスマイナーほか↓ソフトバンク）同様、バットを外に回すこと（ドアスイング）がない。やはり内側からバットを出す（インサイドアウト）。だから少し詰まってもライト前ヒットになる。ときには外角球を狙ってライトに本塁打していた。

それこそペタジーニが巨人に移籍した、ラミレス3年目の03年には189安打で打率・333、40本（本塁打王）124打点（打点王）。**その年から8年連続100打点**。ヤクルト時代の07年に外国人選手・右打者初のシーズン200安打をマークしている。

04年・06年は私のいた中日が優勝したが、07年から09年は巨人がリーグ3連覇。巨人に移籍したラミレスは08年、125打点を叩き出し打点王、09年は打率・322で首位打者を獲得、**2年連続MVPに輝いている。**ライバルチームの中心打者であった。

ラミレスの賢さを強く感じたのは、テーピングをした太めのバットで内角球をさばくのが上手かったところ。外角球は上手く右方向に持っていく。**そして、配球をしっかり読んで打ってくるから、狙った球は確実にとらえていた。だから、常にラミレスとは「読み合い」だった。「ラミレスの狙い球」をいかに「私の配球」で外していくか。**

得点圏に走者がいるか否かで捕手の配球は全然違ってくる。ラミレスは得点圏に走者がいるとき、特に集中力が高まる。「入り球」にピクリともしないかと思えば、狙い球がドンピシャのときにヒットにする確率は、やはり高いものがあった。

ただでさえプロの打者は「打ちミス」が少ないところにきて、その中でもラミレスは配球を読んだ狙い球に対しての打ちミスが少ない。本当に厄介な打者だった。**捕手の私はかなり研究されていると感じた。**

お互いが現役を引退してから、ヤクルト関係者にラミレスの話を伝え聞いた。

「メジャーは投手が投げたい球を投げる。日本野球は捕手のサインが主体。だからラミレスは日本の捕手のリードを研究していた。特に得点圏に走者がいるときのＤＶＤを、目を皿のようにして観ていた」。**その話は、私の推測と符合していた。**

ラミレスの特徴として13年間で四球が計３０８個しかない。１年平均24個。ラミレスのクラスの強打者としたらかなり少ない。積極的というか、無走者のときはどちらかというと雑に打ちにくる傾向がある。状態のいいときはそれが簡単にヒットになるのだが……。

07年に吉見一起（かずき）投手から通算１０００安打、10年に鈴木義広投手から満塁弾で通算１０００打点など、節目の記録を中日投手からマークしているようだが、それはたまたまリーチをかけて中日戦を迎えただけだと思う。

だが、鈴木投手のような勝ちゲームの終盤に出てくる右のワンポイントから記録を達成したということは、**ビハインドの場面でも集中力を発揮したということだ。そうでなければ外国人打者唯一の通算２０００安打など記録できない。**

10年連続Bクラスに低迷していたＤｅＮＡを、16年に監督に就任するやいきなりＡクラスに浮上させた。監督5年間でＡクラス３回。現役時代同様、かなりデータを駆使したそうだ。

—06—

新井貴浩

内野手

「無茶振り」から無駄を省いて打点王、2000安打

●77年1月30日生まれ、広島県出身。189センチ、102キロ。右投げ右打ち

●広島工高→駒大→広島（99年ドラフト6位～07年）→阪神（08年～14年）→広島（15年～18年）

★通算20年＝2383試合、2203安打、打率・278、319本塁打、1303打点、43盗塁

★本塁打王1回、打点王1回

★MVP1回、ベストナイン2回、ゴールデングラブ賞1回、球宴8回

★主な記録＝6試合連続本塁打

新井貴浩選手は私と同じ広島県出身。プロ入りした99年のオフに江藤智選手がＦＡで巨人に移籍し、新井君は三塁を守るようになる。

通算３００本塁打もしているのに、シーズン30本を超えたのは、本塁打王のタイトルを獲得した05年43本塁打の1年だけなのは意外だ。一方11年の阪神時代、「打球が飛ばない」統一球の影響で、打点王としては少な目の93打点だったが、１００打点を超えたシーズンが４回もあるのは立派である。

私もそうだったが、新井君は通算２０００安打に到達していても、ヒットを量産するタイプではなかった。四球は20年間で合計７０９個。1年平均35個と多くない。打率を残すタイプでもないが、打率３割４回（05年・３０５、08年・３０６、10年・３１１、16年・３００）。通算打率・２７８は十分立派な数字だ。

大変失礼ながら周囲でも言われていたように不器用なタイプ。左足を上げてフルスイングする。捕手の目から見ても当初「よくここまで振れるなあ」というくらい無茶苦茶に振り回していたから、打率はなかなか上がらなかった。しかし、年数とともに打席の中で少しずつ無駄な動きを省いていき、打率も徐々に上昇していった。

「そこまで振らなくても打球は飛んでいくこと」「自分の形の中で振って投球をとらえていくこと」を、初めて打率3割を打った05年あたりから覚えていったのだと思う。

不器用だったのが、練習を重ねてレギュラーポジションを自分のモノにした選手だ。さらに試合で結果を出してつかんだ広島での本塁打王。兄貴分の金本知憲選手の背中を追いかけ阪神へＦＡ移籍しての打点王。熱烈なファンを持つ両チームの４番打者として、重圧は大きかったと思う。

新井君が広島・阪神・広島と移籍し、私は横浜・中日で過ごした。新井君の現役生活20年のうち17年間にわたり、**捕手と打者という立場で、投球とバットスイングを通して「会話」した。１年約90打席としても合計１５００打席を超える対決だった。**新井君の奮闘を私はマスク越しに感じた。努力の塊（かたまり）の選手だった。

阪神を自由契約になったが再び広島に舞い戻り、16年に打率3割100打点で25年ぶり優勝のMVPに輝いた。そして通算2000安打。

故郷・広島でリーグ3連覇を味わい、有終の美を飾った。努力する選手を、野球の神様はちゃんと見ている。終わってみれば、最高の野球人生だったと思う。その背中を見ていた後輩たちを、23年から監督として率いる。期待している。

【第2章】

首位打者に対してのリード

―07―

ジム・パチョレック

内野手

日本で成功する代表格。「振り回さず、変化球打ちが上手い」

●60年6月7日生まれ、米国ミシガン州出身。191センチ、94キロ。右投げ右打ち
●ミシガン大→ブルワーズ→横浜大洋（88年~91年）→阪神（92年~93年）
★通算6年=698試合、842安打、打率・315、86本塁打、431打点、12盗塁
★首位打者1回、最多安打3回
★ベストナイン3回、ゴールデングラブ賞1回、球宴2回
★主な記録=横浜大洋でも阪神でも最多安打のタイトルを獲得

パチョレックは私より1年早く横浜大洋入団。以来、打率が2位・2位・首位打者。横浜大洋に在籍した4年間で2度リーグ最多安打を放っている。完全なアベレージヒッターだった。

センターを中心にして、ライト方向にヒットが打てる。強振するというよりも、投球へのコンタクトが上手い。バットのヘッドが遅れて出てきて、詰まってもヒットゾーンに飛ぶ。自分のスイングをして、角度がついたら遠くに飛ぶ。本塁打は特には狙っていないだろうし、安打の延長が本塁打というタイプだった。

ただ、「1年平均14本と本塁打が少ない」とフロントから指摘され、92年に阪神に移籍することになった。

敵として対戦したパチョレックへの配球は結構難しかった。詰まらせてもやはりヒットになる。ストライクゾーン9分割でも、ヒットにできるゾーンが多い打者だった。

92年は129試合に出場し、リーグ最多159安打、打率4位の・311、初の20本塁打88打点。直近5年間で4度最下位に低迷していた阪神の2位躍進に貢献した。

ちなみにパチョレックの代わりに横浜大洋が獲得したシーツ選手は、打率・３０８（6位）、26本塁打１００打点で打点王を獲得した（しかし1年で退団）。私の入団以降では、首位打者がパチョレック（90年）、ローズ（99年／横浜→ロッテ）、本塁打王がポンセ（88年）、打点王がポンセ（87年・88年）、シーツ（92年）、ローズ（93年・99年）。横浜大洋・横浜は日本で活躍する外国人打者の獲得に定評があった。

獲得にあたっていたのは球団スカウトの牛込惟浩（うしごめただひろ）さんだ。「自己セールスビデオは自分にいい場面しか出していないのでアテにならないし、アメリカでの成績は参考にならない」。

ほかにも「アメリカは実力プラス、エージェントの力で左右されるところがある。契約によってあまり試合に出られず、悔しい思いをしていた選手を選ぶ」と言っていた。だから私が接していて、性格的に真面目で野球に貪欲（どんよく）な外国人選手が多かった。

私が捕手として「来日外国人投手」をリードしていたときには、「この球種でカウントを取って、この球種で勝負。その自分の抑え方で打たれたら仕方ない」という型にはまった投手が多かった。リードで誘導しようとしても、首を振られる。

彼らを含めメジャー・リーガーは全体的にかなり速いストレートを中心に組み立てる。外国人打者の多くは、それを打ち返せない。日本人投手の150キロ弱ぐらいのストレートと変化球に上手く対応できる器用さが、日本で成功を収める外国人打者の共通点だ。

牛込さんも、**やたら強振する打者をあまり獲（と）ってきていないし、変化球打ちに強い打者が多い。**その代表格がパチョレックだったということだ。

—08—

古田敦也

捕手

苦手の内角を打つのは、
得意の外角を打つための布石

●65年8月6日生まれ、兵庫県出身。182センチ、80キロ。右投げ右打ち

●川西明峰高→立命大→トヨタ自動車→ヤクルト（90年ドラフト2位〜07年）

★通算18年＝2008試合、2097安打、打率・294、217本塁打、1009打点、70盗塁

★首位打者1回、最多安打1回

★MVP2回、ベストナイン9回、ゴールデングラブ賞10回、球宴17回

★主な記録＝1試合4本塁打。捕手の通算2000安打は史上4人（野村克也、古田敦也、谷繁元信、阿部慎之助）。06年に野村克也（南海〈現・ソフトバンク〉）以来29年ぶりプレーイング・マネージャー

入団時、まったく打てなかったと言っていい古田敦也選手が、プロ入り2年目の91年に中日の落合博満選手とのデッドヒートを制して首位打者に輝いた話は有名だ。

捕手による通算2000安打は、野村克也選手（南海→ロッテ→西武）、古田さん、私、阿部慎之助選手（巨人）の史上4人だ。

さらに古田さんは03年に史上5人しかいない「1試合4本塁打」をマークした（51年松竹〈現・DeNA〉・岩本義行〈南海→太陽・松竹→大洋→東映〉、64年巨人・王貞治、80年日本ハム・ソレイタ、97年日本ハム・ウィルソン）。

捕手として史上最多の「打率3割8回」はすごい。「捕手のリードを打撃に生かす」と言われた古田選手。必然的に捕手の私のリードとの「読み合い」の勝負になった。

ここぞという場面では、かなり球種やコースにヤマを張っていると感じた。ヤマを張って合ったときの打撃は素晴らしかった。かなり高い確率でヒットにされた。

古田さんは「ヤマが外れたら仕方ないと割り切った」と聞いているが、ヤマが外れても打ち返す高い打撃技術があった。そうでなければ打率3割を、捕手最多の8回も打てるはずがない。

古田さんは通算18年の現役生活の中で、守備の要の捕手としての存在はもちろん、中心打者としての貢献で、チームに5度のリーグ優勝をもたらしているのだ。

最初は内角が弱かったように思う。古田さんに限らず、どんなにいい打者でも「内角ベルトより少し上」を打つのは窮屈だ。バットの芯（しん）で打つと大体ファウルになる。それをフェアグラウンドに入れようとすると、打つポイントを体の近くに置かないといけないので、やはり窮屈な打ち方になるというわけだ。だから内角球を打つのに、（右）打者は（左）ヒジの抜き方を苦労して覚えるのだ。

古田さんは弱い内角を攻められると思って、最初は内角を「狙い打ち」していたのかもしれない。そのうちにスコアラーから「内角をさばくようになってきた」という報告を受けた。

すると、こちらは内角をボール気味にして、やはり外角を攻めたくなるが、少し甘くなると古田さんが一番打てるところにいく。**つまり、最終的に自分が好きな外角に投げさせ**

るために内角を打っておく。そういう上手さ、駆け引きもあった。外角の変化球打ちにしても、「泳いだな」と思っても、バットの先端に引っ掛けて三遊間を破ったり、センター前に持っていったりする上手さがあった。

よくプロ野球中継で野球評論家が「ここは1球内角にいくでしょう」と解説する。読者の皆さんは「内角と外角でそんなに違うのか」と思うかもしれないが、大事なのは「打者が何を求めているか」だ。

たとえば、はじめからシングルヒットを求めているのなら、打つのが難しいと言われる「外角低目」でもヒットを打てるだろう。だが、少しでも長打を求める中で「内角に来るのではないか」と思うと、打者の目から外角低目は遠く見える。

先述したように「内角高目」と「外角低目」はどんないい打者でも打つのが難しい。だからといって「内角高目」ばかりとか、「外角低目」ばかりを攻めていると、打率2割のエリアでもヒットにされる確率が高くなる。

だからその弱点エリアの打率をもっと下げるために、違うコースに投げるとか、弱点エリアに違う球種を投げるのだ。そこで野球評論家の「ここは1球内角にいくでしょう」という解説になるわけだ。

古田選手を打ち取るリードは、基本は外角ストライクゾーンへの投球の出し入れだった。内角にいくぞいくぞという餌をまきながら、外角一辺倒で抑える。その逆パターンのときもあった。やはり、古田さんとの対戦はいろいろ苦労した。

—09—

ジャック・ハウエル

内野手

1インチ短くしたバットで打撃開眼、MVP

●61年8月18日生まれ、米国アリゾナ州出身。183センチ、91キロ。右投げ左打ち
●アリゾナ大→エンゼルスほか→ヤクルト（92年～94年）→巨人（95年）
★通算4年＝405試合、397安打、打率・291、100本塁打、272打点、11盗塁
★首位打者1回、本塁打王1回
★MVP1回、ベストナイン1回、球宴1回
★主な記録＝サイクル安打、サヨナラ本塁打シーズン5本（93年）

92年に来日したハウエル選手はメジャー時代、「ブロークンバット・ホームラン」の怪力で知られていた。バットが折れたのに打球をスタンドインさせたのだ。

「引っ張り専門」の打者だった。しっかり振ってスイングが強いので、本塁打は出る。しかしミートポイントがかなり前で、基本センターからライト方向の打球が多かった。

だから私は内角球で一塁側にファウルを打たせてカウントを稼ぎ、最後は外角勝負という攻め方だった。

だが、内角の前さばきに悩んだハウエルは、オールスター期間中に打撃コーチのアドバイスを受けたそうだ。「バットを1インチ（2・54センチ）短くしてみたらどうだ」。**硬式ボールの直径が7センチだから、1インチ違うのは大きい。**バットが長いと、早めに振り出さないと遅れてしまうので、どうしてもミートポイントを前に置かねばならない。

となると、ほんのコンマ何秒という世界だが、ボール・ストライクの見極めも早くしなくてはいけない。ハウエルはただでさえ「前さばき」の打者だ。それだけにバットを1インチ短くすることが奏功した。余裕ができたのだろう。

オールスターを挟んだ後半戦すぐにサイクル安打を記録した。前半戦は8本塁打だったのが、後半戦は30本塁打をマークして、「首位打者と本塁打王」を同時獲得。**確実性（首位打者）と長打力（本塁打王）の同時タイトル獲得は珍しい。**

チームが待ちわびた14年ぶりリーグ優勝のMVPに輝いた。予想ではMVPは30本塁打を放って攻守に活躍した古田敦也さんの受賞の呼び声が高かったが、投票のフタをあければハウエル。勝負強い打撃の印象が記者の脳裏に焼き付いていたそうだ。

ヤクルトは93年も連覇するのだが、ハウエルのサヨナラ本塁打シーズン5本は日本記録だ。犠牲フライも8本打った。やはりチームを勝利に導く一打が多かった。

わずか1インチの違いで投球を呼び込み、見極めて振れるようになった。そのおかげでサイクル安打、本塁打王、首位打者、リーグ優勝、93年日本一。実に大きな1インチだった。

—10—

トーマス・オマリー

内野手

クセで球種を識別。投球を呼び込めるから四球が多かった

●60年12月25日生まれ、米国ニュージャージー州出身。185センチ、89キロ。右投げ左打ち

●モンターズビル高→ジャイアンツほか→阪神（91年～94年）→ヤクルト（95年～96年）

★通算6年＝742試合、820安打、打率・315、123本塁打、488打点、15盗塁

★首位打者1回

★MVP1回、ベストナイン1回、ゴールデングラブ賞1回、球宴3回

★主な記録＝外国人選手初の6年連続打率3割。出塁率1位4回は、落合博満7回・イチロー5回に次ぐ

阪神で4シーズンを過ごし、うち3度出塁率リーグトップ。ヒットメーカーであるのに加え、選球眼にすぐれていたことを裏づける。

しかし、「本塁打が少ない」との理由で自由契約となった。阪神と同じ関西のオリックスとの争奪戦の末、ヤクルトに95年移籍。野村克也監督は「本塁打を1本打つより、ヒットを10本打ってくれたほうがナンボかいい」と声をかけた。そんな気遣いが、オマリーのメンタル面をリラックスさせたのかもしれない。

本拠地球場が広い甲子園から神宮に移ったことも関係したのか、本塁打は15本から倍増した。打率・302、31本塁打87打点。しかもシーズン、シリーズともMVPに輝く。

ハウエル・広沢克己（当時の表記）が巨人に移籍したヤクルトはオマリーが加入したことで4位から優勝、逆にオマリーを放出した阪神は同率4位から最下位に転落。オマリーは自分を袖にした阪神に対して溜飲を下げた。

オマリーはハウエルとは対照的で、投球を自分の近くまで呼び込んで打つ打者だった。

さらにオマリーはダグアウトで常に投手のクセ探しに躍起になっていたと聞く。投手がワインドアップに入って両腕を上げたとき、グラブが少し立っていたらストレートとか、寝ていたら変化球とか、グラブが少し膨らんでいたらフォークボールとか。わかる人にはすぐわかるようだ。

オマリーが投球を近くまで呼び込んで打つタイプであり、**さらにクセを見て球種がわかるのであれば、必然的にボール球は振らない。だから選球眼がよく四球が多くて、出塁率リーグトップをヤクルトでも続けた。**

打席のオマリーは本塁ベースから離れて立ち、踏み込んでくる。バットが体に巻き付いてくるようなイメージがあった。逆方向の大きい打球はそんなにはないが、ヒットを打てる。外角球へはポーンとバット投げ出すような感じだった。左投手も苦にしない。

私はそんなオマリーに対し、何とか引っ掛けさせよう、ゴロを打たせようとしていた。そのために、なるべくストライクゾーンの低目に球種を問わず投げさせた。投球がベルト付近の高さにいくと、かなりヒットを打たれていた記憶があるからだ。

外国人選手初の「6年連続打率3割」をマーク。93年は首位打者に輝く。その年の打率2位が、「6年連続打率3割」2人目のロバート・ローズ（横浜）だった。**日本でプレーした6年すべてで打率3割を打ったのは立派のひと言に尽きる。**

—11—

アロンゾ・パウエル

外野手

3年連続首位打者は長嶋と2人だけ。一・二塁間を強いゴロで破る

●64年12月12日生まれ、米国カリフォルニア州出身。185センチ、86キロ。右投げ右打ち

●リンカーン高→エクスポズほか→中日（92年〜97年）→阪神（98年）

★通算7年=710試合、817安打、打率.313、116本塁打、397打点、13盗塁

★首位打者3回、最多安打1回

★ベストナイン4回、球宴2回

★主な記録=セ・リーグ右打者の3年連続首位打者は長嶋茂雄（巨人）とパウエルの2人だけ

89年に阪神で38本塁打を放ち、90年・91年とメジャー（タイガース）で本塁打・打点の二冠王を獲得したフィルダー選手の勧めもあってパウエル選手は来日を決断したそうだ。

93年は高木守道監督の下で3番打者としてヤクルトとの優勝争い、落合博満さんが巨人に移籍した94年は大豊泰昭選手（中日→阪神→中日）に続く5番打者として「10・8決戦」を戦い、96年は星野仙一監督の下で、活躍を見せた。いずれの年もリーグ2位チームの打線の主軸を担った。

何より94年からの「3年連続首位打者」は、セ・リーグの右打者では長嶋茂雄さん（巨人）と2人しかいない快挙だ。群雄割拠の強打者たちの中でバットマンレースを制したのは特筆ものである。

かつてのヒット曲、山本リンダさんの「狙いうち」をパウエルのヒッティングマーチとして奏でていたのが懐かしく、思えば中日応援団はピッタリの選曲をしたものだ。

打席ではパウエルが常にライナーを打とうとしている意識があるのを感じた。だから当時のナゴヤ球場は狭かったのに、１年平均18本の本塁打しか打ってない。

パウエルは内からバットが出ていくタイプの打者だった。そして**トップの位置から投球まで本当にコンパクトにバットが向かっていった。強いゴロで一・二塁間を破っていくイメージがある。**

パウエルもベルト付近から少し上の投球への対応はすごくよかったので、バッテリーとしては、基本ゴロを打たせたい。**だからストライクゾーン９分割の低目３つの凡打エリアに投げさせる。**どんなにいい打者でも９分割全部打てる人はいない。パウエルが踏み込んでくるようだったら少し内角に持っていって詰まらせる。配球はそういう感じだった。

パウエルの３年連続首位打者の２年目、95年に横浜だけがパウエルを打率２割台に抑えたのは、横浜投手陣がミスなく投げてくれたからだろう（01年まで谷繁は横浜に在籍）。

とにかくパウエルは本当にいい打者だった。22年にビシエドの７年目に抜かれたが、パウエルの在籍６年、通算７６５安打は中日の外国人記録だった。

横浜が優勝した98年、パウエルは阪神に移籍して1年だけプレーしたことを付け加えておく。

—12—

鈴木尚典

外野手

左投手も苦にしない
史上16位の終身打率・303

●72年4月10日生まれ、静岡県出身。186センチ、88キロ。右投げ左打ち

●横浜高〈甲子園〉→横浜大洋（91年ドラフト4位～08年）

★通算18年＝1517試合、1456安打、打率・303、146本塁打、700打点、62盗塁

★首位打者2回

★ベストナイン2回、球宴4回

★主な記録＝98年日本シリーズMVP

鈴木尚典(たかのり)選手は91年のドラフト4位入団。「ドラフト4位は、化ける選手が多い」と言われるが、当時は広島の前田智徳選手（90年）、オリックスのイチロー選手（92年／オリックス→マリナーズほか）、近鉄の中村紀洋選手（92年／近鉄→ドジャース→オリックス→中日→楽天→横浜）と、結果的に通算2000安打を達成した強打者が目白押しだった。尚典はプロ4年目の94年、槙原寛己(ひろみ)投手（巨人）からプロ初本塁打を代打満塁弾でマークし、頭角を現した。

97年打率・335（2位横浜ローズ・328）、98年は打率・337（2位広島前田・335）で尚典は2年連続首位打者に輝いた。

当時の横浜大洋は、1番遊撃・石井琢朗（70年生／横浜大洋→広島）、2番中堅・波留(はる)敏夫（70年生／横浜→中日→ロッテ）、3番左翼・鈴木尚典（72年生まれ）、4番二塁・ローズ（67年生）、5番一塁・駒田徳広（62年生／巨人→横浜）、6番右翼・佐伯貴弘（70年生／横浜→中日）、7番捕手・谷繁元信（70年生／横浜大洋→中日）、8番三塁・進藤達哉（70年生／横浜大洋→オリックス）と同年代、同世代の選手が多かった。

ちなみに投手陣は盛田幸妃投手、野村弘樹投手、斎藤隆投手、島田直也投手（日本ハム↓横浜大洋↓ヤクルト↓近鉄）ら、私より1歳上の69年生まれの学年の選手がとても多かった。

ポジションは違えど、ライバル意識みたいなものが強かった。打撃成績の勝負だけでなく、練習であっても、「アイツが終わるまでオレは続けるぞ」という意識があった。室内練習場で打っていても、「アイツまだやっているのか」とチラチラ見ながら（笑）。

横浜の打撃コーチは高木由一（よしかず）さん（大洋）、大杉勝男さん（東映〈現・日本ハム〉↓ヤクルト）、長池徳二さん（阪急）だった。大杉さんは東映時代、飯島滋弥（しげや）さん（大映〈現・ロッテ〉ほか）の教えを受けているから「月に向かって打て」という理論。逆に長池さんは「バットのヘッドを立てて（ダウンスイング気味に）出せ」という指示。だから、おのおの自分に合ったほうを採り入れた。

共通していた教えは「とにかくバットを振りなさい」と。コースを意識し、変化球を意識し……。打撃コーチは皆さんマメで情熱的で、練習が終わるまで見守ってくれた。そうやって「横浜マシンガン打線」が出来上がった。

私が02年に中日に移籍したことで、「安打製造機」と呼ばれた尚典との対戦となった。**尚典はストレートを狙いに行きながら変化球に対応するタイプ。だから狙っていないほうの変化球中心で攻め、変化球を意識させておいて内角（ストレート）で詰まらせる。**

それで打ち取れなかったら、内角にもう1球いって内角を印象づけておいて、また変化球に戻るという感じだった。だからバッテリーとしては、本来のスイングの形を崩して振らせることを考えていた。

・303の終身打率（4000打数以上で史上16位）を残している強打者。狙っていないだろう変化球でカウントを取りにいっても、それが甘く入って打たれることもあった。ただ、本来の形でない形で打たれたら、それはもう仕方ない。

1950年から2022年までセ・リーグとパ・リーグの首位打者、過去73シーズンを見ると、セ・リーグは右打者が30人、左が41人、両打ちが2人。パ・リーグは右打者が26人、左打者が45人、両打ちが2人。

左打ちの首位打者のほうがセは約10人、パは約20人多い。単純に左打者が一塁に近いという理由もあるが、エース級の左投手が、右投手の割合からすると少ないこともあるだろう。いずれにしても**尚典は、左投手も苦にしなかった。**

―15―

ロバート・ローズ

内野手

横浜史上最高の助っ人には「遠く低い」球で勝負した

●67年3月15日生まれ、米国カリフォルニア州出身。180センチ、85キロ。右投げ右打ち
●サンディマス高→エンゼルス→横浜（93年～00年）→ロッテ（03年）
★通算8年＝1039試合、1275安打、打率・325、167本塁打、808打点、16盗塁
★首位打者1回、打点王2回、最多安打2回
★ベストナイン6回、ゴールデングラブ賞1回、球宴4回
★主な記録＝6年連続打率3割はオマリーに並ぶ外国人選手2人目。唯一のサイクル安打3回。シーズン153打点は歴代2位。仮に不足の71打数すべて凡退でも4000打数史上4位・3188

ロバート・ローズ選手は93年から00年まで横浜に在籍。日本球界を一度引退したあと、03年にロッテで復帰。しかし、２月の春季キャンプ中に退団。当時は「セ・パ交流戦」がなかった（05年開始）。オープン戦での対戦を楽しみにしていただけに残念だった。

ただ、８年間一緒にプレーしていたし、残した成績を見ても図抜けていて**「横浜史上最高の外国人選手」だと思う。**対戦はしていないが、ローズについて特別に語らせてもらう。

来日した93年に94打点でいきなり打点王を獲得。95年から６年連続打率３割は、先述のオマリーに並ぶ外国人２人目。日本史上唯一の「サイクル安打３回」をマーク。言うまでもなく、97年優勝の横浜マシンガン打線の４番打者だ。

８年間の通算打率は・３２５だ。終身打率ランキングの基準とされる４０００打数に71打数不足しているが、仮にその71打数すべてに凡退したとしても打率・３１８８となり、史上１位のリー（ロッテ）の打率・３２０に迫る。

来日当初からそんなに引っ張るタイプではなく、センターから右方向に打ち返し、右中間に強い打球が打てる打者だった。ローズはウエイトトレーニングを精力的にやっていて、年々パワーアップにつながった。それに伴い、年々飛距離が伸びていった。

99年はいわばその集大成だった。当時135試合制で134試合に出て、当時のリーグ記録の192安打、当時の右打者最高打率・369。シーズン153打点は日本歴代2位（50年松竹・小鶴誠〈松竹→広島〉161打点）。

特に153打点は驚異的で、2位のペタジーニが112打点で、41打点差もつけていた。石井琢朗、波留敏夫、鈴木尚典の1、2、3番打者が、かなりの出塁率があったとはいえ、チャンスにはほぼ走者を還していたイメージがある。

ローズのウエイトトレーニングを参考にして、私もウエイトトレをやるようになった。ローズによく言われたものだ。

「シゲ（谷繁）、力がついたからといって、バットを強く振っては駄目なんだよ。力がついたのだから、同じスイングで振って当たれば飛んでいくのだから」

自分のスイングの中で、ボールをとらえれば自然と長打になる。角度がつかなかったらヒットになる。少し詰まれば、野手の間に落ちる。そんな説明を受けた。

このローズを打ち取るとしたら、「遠く低く」だろう。ときおり内角の投球を使って、基本的には「遠く低く」、長打を防ぐのがバッテリーの攻めになる。一度実際に真剣勝負で対戦してみたかった。

— 14 —

今岡　誠

内野手

積極的な初球打ちと思えば、狙い球を変える厄介な駆け引き

●74年9月11日生まれ、兵庫県出身。185センチ、83キロ。右投げ右打ち
●PL学園高〈甲子園〉→東洋大→阪神（97年ドラフト1位～09年）→ロッテ（10年～12年）
★通算16年＝1309試合、1284安打、打率・279、122本塁打、594打点、17盗塁
★首位打者1回、打点王1回
★ベストナイン3回、ゴールデングラブ賞1回、球宴5回
★主な記録＝03年初回先頭打者本塁打7本（初球5本）で首位打者。05年歴代3位の147打点で打点王。タイトル獲得の両年にチームはリーグ優勝

今岡誠選手は、03年は1番打者では難しいと言われる首位打者（打率・３４０）、05年はポイントゲッターの5番打者で１４７打点を叩き出し、打点王。打順に応じたタイトルを獲得する活躍で、両年とも阪神のリーグ優勝に貢献した。当時は「竜虎の争い」と言われ、04年と06年は中日がリーグ優勝。両チームが1年おきに覇権を握っていた。そのカギを握る打者だったわけだ。

今岡君はハイボールヒッターだった。高目をすごく上手に打つ打者だったから、基本は、やはり低目に投げさせることを考えてリードした。**03年は1番を打ち・３４０の高打率を残す中で、先頭打者本塁打7本、うち初球が5本。**

試合開始「用意ドン！」で変化球から入ることはあまりないから、ストレートを狙い打ちされた。逆に言えば、ファーストストライクから積極的に打ち返せる準備をしていたし、振っている中でタイミングを合わせていくタイプだった。

野村克也さんは著書の中で、打者のタイプを４つに分類していた。

「速球を待っていて、変化球に対応するタイプ」

「内角・外角のコースに的を絞るタイプ」

「流すか引っ張るか、打つ方向を決めるタイプ」
「狙い球を決めて、その球種にヤマを張るタイプ」
端的に言えば捕手は打者がどのタイプであるかを頭に入れ、「ストレート狙いなら、逆に変化球で攻める」ようなリードをすればいいわけだ。

捕手は頭がよくないとできないとかいう問題ではなく、打者の特徴を覚えておけばいいだけの話。それが仕事だが、一瞬での判断は要求される。

05年の147打点は、先述の小鶴誠さん（松竹50年161打点）、ローズ（横浜99年153打点）に次ぐ史上3位の147打点。そのシーズンの打率は・279でそれほど高くなかったが、実に手強かった。こと得点圏に走者を置いたときの打撃はしぶとかった。プラス「思い切り」がよかった。

捕手から見て「思い切りがいい」打者は、配球を読んで狙い球を打つ。打者が自分の中で本当に狙っている球種がカーブだったら、わざとストレートを打ってファウルにすればいい。そのあと「ああ、打ち損じた」と、ひとり言を言う。

そうすれば捕手が（ストレートを狙っているな）と思って、次にカーブを投げさせたところを狙い打ちする。**今岡君はそういう駆け引きもする打者だった。**

自分が狙っていない球種はもう見向きもしない。見向きもしないのだが、「見逃したからもう1球同じ球種でいこう」と思って続けると、**同じ打席の中で狙い球を変えて打ってくる。だからそのへんの見極めがすごく難しかった。**打者と捕手の読み合いだった（編集部注／谷繁捕手は「続けの谷繁」の異名を持ち、打者が狙っていないと感じるや、3球同じ球を続けさせるリードに定評があった）。

同じ打席の中で、打者が狙い球を変えてくるほうが捕手にとっては厄介だ。打者がこの球種を狙っていないとわかれば、その球種を何球か続けられる。しかし、狙い球を変えて、何の球種を待っているかわからないと捕手は嫌なのだ。今岡君はそんなことを思わせる打者だった。

—15—

阿部慎之助

捕手

内角がファウルにならない
ツイスト打法。
捕手の思考の裏をかく

●79年3月20日生まれ、千葉県出身。180センチ、97キロ。右投げ左打ち

●安田学園高→中大→巨人（01年ドラフト1位〜19年）

★通算19年＝2282試合、2132安打、打率・284、406本塁打、1285打点、13盗塁

★首位打者1回、打点王1回

★MVP1回、ベストナイン9回、ゴールデングラブ賞4回、球宴13回

★主な記録＝捕手の通算2000安打は史上4人（野村克也、古田敦也、谷繁元信、阿部慎之助）。捕手通算400本塁打は野村克也、田淵幸一に次ぐ3人目。捕手最高打率・3404

中日と阪神の「竜虎の争い」のあとは、中日と巨人が優勝を争った。中日が04年・06年優勝のあと、巨人が07年から09年までリーグ3連覇。次は10年・11年と中日がV奪回した。

そのライバル・巨人の中軸を担ったのが阿部慎之助選手だった。**特に10年は44本塁打、「打球が飛ばない」統一球の12年は打率・340、104打点で首位打者と打点王の二冠王。13年のWBCは「4番・捕手・主将」と3つの重責を課せられた。**

打撃技術が高い打者だったので、好調なときには多少でも集中力をそごうと軽く話しかけてみたり、私がひとり言をつぶやいてみたり……。しかし、ここぞという場面には「待ち球」をしっかり待って、かなり高い確率で確実に打ち返す技術をやはり持っていた。

一番気持ちよくスイングしていた箇所は「真ん中少し外寄り」の球だ。内角球は少し窮屈気味に打つが、バットを内から出して（インサイドアウト）、ヘッドが絶対外（ドアスイング）にいかないように、打っていた。だから気持ちいいスイングはされたくないなと思いながらリードしていた。

慎之介は「ツイスト（ひねり）打法」を採り入れていた。スイングを始めてから上半身は投球方向にいくのだが、下半身は捕手方向にひねる。これにより緩急に対応でき、内角球もファウルにならず、打球はスタンドまで届くようになるということだ。

最初から再三にわたり言っていることだが、どんなにいい打者でも、絶対に「内角高目」と「外角低目」は弱点である。その中でツイスト打法というのは、左打者なら右の壁が開かない。開くとどうしても左肩が出てきて、外からバットが回ってくる（ドアスイング）。だから右の壁の開きを止める練習を繰り返し、それを試合の中でも時折やっていたようだ。

慎之助も捕手なので、「この場面、この投手で、自分に対してどういう風に攻めてくるか」を頭の中に描いて打席に臨んでいたはず。だから私はそれを利用して、意識的に裏をかくリードも施した。

捕手の通算2000安打は史上4人（野村克也、古田敦也、谷繁元信、阿部慎之助）。捕手通算400本塁打は野村さん、田淵幸一さん（阪神→西武）に次ぐ3人目。捕手最高のシーズン打率・3404。言わずもがな、いい打者である。

—16—

マット・マートン

外野手

阪神外国人最長6年在籍、最多の通算1000安打突破

●81年10月3日生まれ、米国フロリダ州出身。185センチ、99キロ。右投げ右打ち
●ジョージア工科大→カブスほか→阪神（10年～15年）
★通算6年＝832試合、1020安打、打率・310、77本塁打、417打点、27盗塁
★首位打者1回、最多安打3回
★ベストナイン4回、球宴4回
★主な記録＝来日していきなりシーズン214安打。在籍6年はカークランド、バースと並び阪神最長。通算1020安打は阪神外国人最多

チーム最長在籍の外国人は、中日がビシエドで7年、横浜はローズで8年。**阪神ではマートンが、カークランド（68年～73年＝通算559安打）やバース（83年～88年＝通算743安打）と並ぶ6年（10年～15年＝通算1020安打）の在籍だった。**

来日した10年、いきなりシーズン214安打をマーク。・349の高打率だったが、首位打者は209安打の青木宣親（のりちか）（ヤクルト→ブルワーズほか→ヤクルト）の・358に譲った。翌11年には30試合連続安打をマークしている（日本記録は広島の高橋慶彦（よしひこ）選手〈広島→ロッテ→阪神〉の33試合）。

01年から09年まで盗塁王5回の赤星憲広（のりひろ）が阪神のリードオフマンを務めたが、マートンは盗塁が少ない分（6年間で27個）、安打を多く打つ1番打者だった。リーグ最多安打を6年間で実に3回。14年には打率・338で首位打者に輝いている。

右打者で高打率を残す選手の共通項が「ハイボールヒッター」で、右方向に上手く打つ。マートンも高目の投球への対応がすぐれていた。引っ張りにかかるのではなく、センターを中心に打ち返していた。

本塁打は6年間の合計が77本。1年平均13本。イチロー選手もそうだったが、練習のときにはライナーでスタンドにポンポン入れる。マートンも練習ではバックスクリーンや引っ張って左中間に放り込んでいた。だが、試合では出塁に徹していたのだ。

とにかく軸がブレない打者だった。本来のスイングをさせないように、何とか形を崩そうとしてもなかなか崩し切れなかった。だからマートンにはゴロを打たせて打ち取ろうと（低目を中心に）リードした。

冒頭でも述べたが、マートンは阪神外国人史上最多の6年在籍で、同じく最多の通算1020安打を放った。

赤星、マートンとリーグを代表する1番打者が退団し、阪神はドラフトで藤原恭大（大阪桐蔭高→ロッテ）、辰己涼介（立命大→楽天）を1位で続けて外しても、「1番を打てる外野手」にこだわった。

近本光司（関学大↓大阪ガス↓19年阪神ドラフト１位）が、入団２年連続盗塁王、３年目の21年、リーグ最多安打で、２人の大１番打者に代わる働きを見せるようになった。

【第3章】

本塁打王に対してのリード

―17―

松井秀喜

外野手

球史に残る大打者には、内角球と沈む球で勝負

●74年6月12日生まれ、石川県出身。188センチ、104キロ。右投げ左打ち

●星稜高〈甲子園〉→巨人（93年ドラフト1位〜02年）→ヤンキース（03年〜09年）→エンゼルス（10年）→アスレチックス（11年）→レイズ（12年）

★日米通算20年＝2504試合、2643安打、打率・293、507本塁打、1649打点、59盗塁

★首位打者1回、本塁打王3回、打点王3回

★MVP3回、ベストナイン8回、ゴールデングラブ賞3回、球宴11回（日9、米2）

★主な記録＝ワールドシリーズMVP、日米1768試合連続出場（史上5位＝カル・リプケン2632試合、衣笠祥雄2215試合、ルー・ゲーリッグ2130試合、鳥谷敬1939試合に次ぐ）

松井秀喜選手は私より4歳下。私がプロの捕手としてやっていけるという自信めいたものをつかんだのはプロ8年目の96年だったが、その96年は松井君のプロ4年目。打率・314、38本塁打99打点で「長嶋茂雄・巨人」のリーグ優勝に貢献し、MVPに輝いている。その96年から日本球界最後の10年目02年まで、7年連続「打率3割30本100打点」近くを叩き出した。特に本塁打は00年42本、02年50本と年々パワーアップしてタイトルを3回獲得した。

松井君の弱点は、やはり内角にあったと思う。体側に食い込んでいく球に苦手意識を感じた。あとは沈む球だ。

松井君のプロ1年目の93年、高津臣吾さんと古田敦也さんのヤクルトバッテリーが「内角球を打てるか試す」意図で投じ、本塁打をされたことがあった。しかし、あの1球はそこまで厳しい内角球ではなかった。

松井君の弱点の「内角」とは、高さ的に言うと、ベルトより少し高目だ。

内角が打てないわけではない。弱点と打てる箇所は紙一重。少し甘くなったり、少しキレがなかったりすると、あれだけの打者だからやはり打つ。でも、外角の甘めの球へのバットの出方よりも、内角のほうが私には窮屈に見えた。

私は現役時代、また引退後に評論家になってからも「対戦してきた中で、すごい打者を何人か挙げてください」と言われてきたが、実は松井君の名前をあまり出していない。

松井君は毎年三冠王を狙えるようなものすごい打者だったから、甘い球や狙い球がきたときはかなり高い確率で打ち返す技術を持っていた。打たれれば「さすが松井だ」と思った。

一方で語弊（ごへい）があったら申し訳ないが、配球やリードをしていく中で、意外と描いたイメージ通りに打ち取れた回数も多かった。「こうやって、ああやって、最終的にはこの球で詰まらせて、二塁ゴロを打たせたい」。だから正直に言えば、「本当に困ったな」という印象が稀薄（きはく）なのだ。

たとえば、カットボールが武器の川上憲伸（けんしん）投手（中日→ブレーブス→中日）がマウンドにいたら、私がどういうリードをして松井君を打ち取るか。

実際、松井君が日本最後の02年は、打率・３３４、50本塁打１０７打点の二冠王でＭＶＰ（首位打者は打率・３４３の中日・福留孝介〈中日→カブスほか→阪神→中日〉）。そのシーズンの憲伸は12勝6敗、防御率2・35（リーグ2位）。私が横浜から中日に移籍した年で、われらバッテリーは松井君がメジャー入りする前に1年だけだが、現実に対戦、巨人戦でノーヒットノーランを達成している。

松井君は基本、ファーストストライクから振ってくることが少ないタイプの打者。まずストレート系の球、ストレートかシュートで外角低目から入って、ストライクを取る。最終的にカットボールで二塁ゴロに打ち取りたい。松井君にも当然「川上の決め球はカットボール」の意識がある。

2球目以降も外角でカウントを整えていく。同じエリアからのフォークボールに引っかかってくれることもあった。外角を攻めていて「そろそろ内角か」というところで、もう1球外角。「まだ外角が続くのか」と思わせておいて一転カットボールで詰まらせるとか、**見逃させるとか。そういう配球になる。**

プロローグにも書いたように、強打者は弱点を攻めるだけでは簡単に打ち取れない。弱点のエリアに違う球種を投げさせるとか、ボール球を含めた違うエリアに球を投じさせる。松井君の弱点は内角。**「弱点」の内角を、「さらなる弱点」にするような形を取るのだ。**

松井君が苦手とした投手は誰だったか。松井君は入団当初の93年・94年ころ、ヤクルトの左腕・石井一久君（ヤクルト→ドジャース→メッツ→ヤクルト→西武／現・楽天監督）の曲がり落ちる大きなカーブに腰が完全に引けてしまっていた。99年～01年ころは、阪神の遠山奬志（しょうじ）さん（阪神→ロッテ→阪神）が左サイドスローから投じる「内角シュートと外角スライダーのコンビネーション」に対し、「顔も見たくない」とまで言った（両者の通算対戦成績は33打数7安打で打率・212。特に99年は13打数0安打）。

松井君だけではないが、左打者は投球が体側に抜けてきそうな左投手を嫌がる。だから、バッターボックスでも松井選手は本塁から離れて構えたし、バットが長かった。

横浜で言えば、左腕の田辺学さんや河原隆一君を苦手にしていた。

あとは佐々木主浩さんのフォークボール。落ちる球をさばくのを難しそうにしていた。

余談だが、松井君は若いころ、焼き肉のたれのCMに出演していて、「黒だれ」と「赤だれ」があったのだが、バッターボックスに入るとき、

「松井君、きょうは何だれですか?」

「黒だれです」

などと会話をしていた。集中力をそごうと思ったのだが、そんなときに限ってよく打たれた記憶がある(苦笑)。あれからもう四半世紀もたつ。懐かしい思い出だ。

―18―

ロベルト・ペタジーニ

内野手

バットのヘッドが遅れて出てくる。ヤクルト助っ人史上最高の勝負強さ

●71年6月2日生まれ、ベネズエラ出身。185センチ、84キロ。左投げ左打ち

●アントニオホセ大→アストロズほか→ヤクルト（99年～02年）→巨人（03年～04年）→レッドソックスマイナー・メキシカンリーグ・韓国→ソフトバンク（10年）

★通算7年＝837試合、882安打、打率・312、233本塁打、635打点、24盗塁

★本塁打王2回、打点王1回

★MVP1回、ベストナイン4回、ゴールデングラブ賞3回、球宴3回

★主な記録＝「来日1年目の打率3割40本塁打」は史上初

ヤクルトの優勝時には左の大砲が存在することが多かった。マニエル（球団創設29年目の初優勝78年打率・３１２、39本塁打１０３打点／ヤクルト↓近鉄↓ヤクルト）、ハウエル（92年首位打者と本塁打王でＭＶＰ、93年サヨナラ本塁打シーズン５本）、オマリー（95年打率・３０２、31本塁打87打点でＭＶＰ）、ホージー（97年本塁打王）、そしてペタジーニだ。

若松勉監督時代のペタジーニは99年、打率・３２５、44本（本塁打王）１１２打点。**「来日していきなり打率3割40本塁打」は史上初だったそうだ。**来日初試合、初の開幕投手・三浦大輔（横浜大洋）と私のバッテリーで初打席空振り三振を奪っているが、同じ試合で横山道哉（ゆきや）投手（横浜↓日本ハム↓横浜）が初本塁打を献上している。

その99年、ペタジーニと巨人の松井秀喜選手が本塁打王のタイトルを争う中、新人でタイトルを総なめにした上原浩治投手（巨人↓オリオールズほか↓巨人）がペタジーニを相手に敬遠を指示され悔し涙を流した。01年には本塁打王と打点王で優勝に貢献し、ＭＶＰに輝いている。

03年、メジャー入りした松井秀喜選手と入れ替わりで巨人に入団し、3割30本塁打超をマーク。04年は清原和博選手と一塁で併用され、打率・290、29本塁打84打点。これがヤクルト・巨人時代の6年間での最低成績なのだから、ペタジーニの打棒のすごさがわかろうというものだ。その後、メジャーなどを経て10年に日本球界のソフトバンクに復帰した。

ペタジーニは、長く対戦していて最終的に印象にあるのは、すごく（ミート）ポイントが近い打者だということだ。

体の近くまで投球を引き込んで、最後までボール、ストライクを見極められるから選球眼がやはりよくて、四球が多い。99年116四球（リーグ最多）、01年は120四球を選んでいる。

バットの軌道はものすごい内側からヘッドが遅れて出てくる。インサイドアウト。みんなヘッドが少し遅れて出てくるものだが、かなり遅れて出てくる。外国人では珍しいタイプだ。スイングスピードはそんなに速くないが、バットが体から離れない。遠心力を上手く使って打つ打者だった。

バットの軌道的に変化球にも対応できる。左投手も苦にしない。ヒットゾーンが広くてすべての方向に打てる。少し遅れ気味に打つのだが、芯に当ててレフト方向に本塁打にする。バッテリーとして攻めづらい打者だった。

私は95年のオマリーとも対戦しているが、投球を呼び込めて選球眼がいいところが似ている。日本で成功する外国人打者のタイプだ。ヤクルトはオマリーでの成功を踏まえてペタジーニを獲得したのではないか。

そういえば25歳上のオルガ夫人のことは、他球団の我々も伝え聞いて知っていた。小学校時代の同級生の母親で、再婚だとか……。ヤクルト通訳担当いわく「ペタは一に神、二に夫人、三に野球。でも、ヤクルトで一番勝負強い外国人選手だった」そうだ。

—19—

タフィー・ローズ

外野手

両リーグ本塁打王には、高目に弱点があった

●68年8月21日生まれ、米国オハイオ州出身。182センチ、100キロ。左投げ左打ち

●ウエスタンヒルズ高→アストロズほか→近鉄（96年~03年）→巨人（04年~05年）→オリックス（07年~09年）

★通算13年＝1674試合、1792安打、打率・286、464本塁打、1269打点、87盗塁

★本塁打王4回、打点王3回

★MVP1回、ベストナイン7回、球宴10回

★主な記録＝シーズン55本塁打（史上3位タイ）。両リーグ本塁打王（史上3人＝落合博満、山﨑武司）

タフィー・ローズ選手は、史上20人しか存在しない通算４００本塁打をマークした選手。しかも01年には王貞治さんに並ぶシーズン55本塁打を記録。近鉄の最下位からの優勝の原動力になってＭＶＰに選ばれた。

03年も51本塁打を放ったが、契約に折り合いがつかず、04年にセ・リーグの巨人に移籍。いきなり45発を放ち、**リーグをまたいで2年連続本塁打王のタイトルを獲得した。両リーグ本塁打王は、ローズのほかに落合博満さん（ロッテと中日）、山﨑武司さん（中日と楽天／中日→オリックス→楽天→中日）と史上3人しかいない。**

それにしても、この04年の巨人打線はすさまじかった。１番二塁・仁志敏久28本、２番左翼・清水隆行16本、**3番中堅・ローズ45本**、４番右翼・高橋由伸（巨人）30本、５番三塁・小久保裕紀（ひろき）（ダイエー→巨人→ソフトバンク）41本、６番一塁・ペタジーニ29本、７番捕手・阿部慎之助33本、８番遊撃・二岡智宏９本。控えには清原和博12本、江藤智４本……。チーム本塁打２５９本はプロ野球記録である。

（編集部注／04年巨人のチーム順位は3位。「落合・中日」は1年目で優勝＝チーム防御率1位、チーム失策45＝守備率・９９１は当時のセ・リーグ記録。ゴールデングラブ賞６人）

タフィー・ローズには正直、穴がある粗い打者だという印象が残っている。攻め方さえ間違えなければ抑えられると思いながらリードしていた。

ただ、捕手の配球ミスもある。投手は生身の人間で、機械ではないからコントロールミスもある。そういうミスをして、投球がローズのツボにはまったときは、やはり本塁打を浴びた。

バットを少し寝かせて揺らしながら構えるローズのストロングポイントは、ベルトより少し高目。その高さはバットがいい感じで出る「ホームランゾーン」。そこからもう少し高くなると「空振りゾーン」だった。

ストライクゾーンの高低は、アマチュア野球の場合はわかりやすく言うと「打者の膝頭から脇の下あたりまで」だが、プロ野球の場合、高目のストライクは「捕手の顔あたりまで」だ。

捕手の頭付近だと球審にボールと言われる。だからローズの弱点の高さというのは、ミットを構えた捕手の顔あたりになる。

基本、ストレートを打ちにいって、変化球に対応するタイプ。足を上げて打っていたので、緩急に関して、速い変化球についていけないところもあったが、緩いカーブ的な変化球は打っていた。

ローズの場合、**三振は多いが、四球も選べる。**巨人在籍は2年間だったが、06年に右肩を手術し、07年39歳で入団したオリックスで「100三振、リーグ最多四球、40本塁打」をいずれも2年連続でマークした。

余談だが、ローズは日本最多の14回の退場宣告を受けている。打てない内角をストライクと言われたから球審に文句をつけるというのではなく、メジャーは日本よりストライクの判定が「内角は厳しく、外角は緩い」傾向にある。単純に「これまでボール球だった内角が、なぜストライクなんだ?」という意識だと思う。

—20—

村田修一

内野手

40本塁打の横浜時代より、20本台の巨人時代にしぶとさ

●80年12月28日生まれ、福岡県出身。177センチ、92キロ。右投げ右打ち

●東福岡高〈甲子園〉→日大→横浜（03年自由獲得枠～11年）→巨人（12年～17年）

★通算15年＝1953試合、1865安打、打率・269、360本塁打、1123打点、14盗塁

★本塁打王2回

★ベストナイン4回、ゴールデングラブ賞3回、球宴5回

★主な記録＝08年46本で本塁打王（40本以上で本塁打王は、セの日本人では10人だけ）

村田修一選手は、「松坂世代」の80年生まれだ。修一は東福岡高時代にエースとして横浜高の松坂大輔（西武→レッドソックス→メッツ→ソフトバンク→中日→西武）と投げ合って敗れた。その敗戦を機に日大では打者に転向した。日大の同期には館山昌平投手（ヤクルト）がいた。

プロ入りの背番号は「25」。大洋出身の通算2000安打・300本塁打の大打者・松原誠さん（大洋→巨人）が背負っていた番号である。そして修一の打席での応援歌は、私の曲が引き継がれ、現在は牧秀悟選手が使用している。

牧選手は58年長嶋茂雄さん（巨人）・81年石毛宏典さん（西武→ダイエー）・86年清原和博さん以来、史上4人目の「新人・打率3割20本塁打」をマークした。つまり「25」は筒香嘉智（横浜→レイズ→ドジャース→パイレーツ）が背負ったことからもわかるように歴代、強打者の背番号なのだ。

修一も、新人時代から打率は・224ながら25本塁打を放ち、近い将来の本塁打王への片鱗を垣間見せた。特に、当時まだ投手だった150キロ左腕・（高井）雄平選手（ヤクルト）のスピードボールをライナーでライトスタンドに持っていった打撃は周囲をうならせた。

プロ入り4年目から3年連続して「30本塁打100打点」。07年と08年は2年連続本塁打王。特に08年は46本塁打。1950年から2022年までの73年間で、**「40本以上の日本人本塁打王」はセ・リーグに10人、**パ・リーグに11人しかいない。

ただ、修一が横浜に在籍した03年から11年の9年間、チームは最下位7回、4位1回、3位1回という大低迷時代だった。これは修一だけでなく、優勝に絡む緊張感が稀薄だとどうしても個人の成績に走りやすくなる。

だから、優勝の十字架を背負う巨人に移籍してからの修一のほうが、私にとっては打者としてのいやらしさを感じた。その証拠に横浜時代9年間（1100安打）の通算打率は・266、巨人時代6年間（765安打）の通算打率は・274。プレッシャーがかかっているはずの巨人時代の打率のほうが高い。打席に集中しているのだ。

3ケタが普通だった三振数はすべて80個台以下に減ったし、16年の32二塁打はリーグトップだ。修一は年間を通して盗塁数が1～2個だけに、みずから得点圏に入る二塁打は意義深い。

横浜時代は粗さがあったが、巨人時代は影を潜めた。横浜時代のようなシーズン30発以上の本塁打は一度も打てなかったので、表面的な数字だけを見れば巨人ファンは物足りない部分もあったかもしれない。

しかし、「チームが自分にいま何を求めているか」を常に試合の中で考えているのを、私は対戦した打席の修一に肌で感じた。数字だけでは推し測れない勝利への貢献度は巨人時代のほうが確実に高かったように思う。

大活躍した選手がそろう松坂世代だが、高校からプロ入りした松坂の活躍を見て大学で腕を磨いた選手が多い。高校からプロ入りして好成績を挙げたのは、実は日米通算245セーブの藤川球児（阪神↓カブス↓レンジャーズ↓阪神）くらいだ。

投手で通算200勝か250セーブ、打者で通算2000安打の「名球会」入りはまだひとりもいない。松坂自身が日米通算170勝。22年終了時点、現役は42歳を迎えるソフトバンクの和田毅だけで、日米通算155勝だ。

修一は通算2000安打まで残り135安打で現役引退。あと1年現役をやれば達成できたかもしれないが、それも人生。それも野球だ。**横浜時代9年間では味わえなかったが、巨人6年間では、「優勝の美酒」に3回も酔えたではないか。**

―21―

タイロン・ウッズ

内野手

藤川球児との名勝負。勝利のために軽打した

●69年8月19日生まれ、米国フロリダ州出身。185センチ、102キロ。右投げ右打ち

●ヘルナンド高→米マイナー・韓国→横浜（03年～04年）→中日（05年～08年）

★通算6年＝824試合、851安打、打率・289、240本塁打、616打点、11盗塁

★本塁打王3回、打点王1回

★ベストナイン3回、球宴3回

★主な記録＝日本6年間で240本、本塁打王3回。韓国・日本で「本塁打王・打点王」の二冠王

本塁打王と打点王のタイトルを獲得しているウッズ選手を最初はリストに入れなかった。なぜならタイロンは一緒にやったチームメイトという意識がどうも強くて（苦笑）。

タイロンはアメリカでは守備面の問題で、10年で10球団を渡り歩いた。メジャーには1度も昇格できなかったらしい。韓国プロ野球では、ペナントレース・オールスター・韓国シリーズの3つすべてでMVPに選ばれる「最強の外国人選手」だった。

だから韓国・サムスン時代に5回本塁打王になっている李承燁（イスンヨプ）選手（ロッテ→巨人→オリックス）が、タイロンを日本プロ野球界でも強烈にライバル視していたそうだ。

タイロンは03年から04年は敵（横浜）として、05年から08年は味方（中日）として戦った。**6年で実に計240本のアーチをスタンドに架けている。年平均40本塁打だ。横浜時代に本塁打王2回、中日時代に本塁打王・打点王に各1回輝いている。**三振も6年間すべて100個以上だ。スイングは力強いが、ベルトの下あたりのストライクゾーンに投げることができたら、（空振り）ストライクの確率は高い感じだった。

だが、横浜時代と中日時代での決定的な違いは四球の数。03年に横浜で66個だった四球は、07年に中日で121四球を選び、四球は2年連続リーグ最多を数えた。中日では打率3割を2回マークするなど、打撃が丁寧になった。

先述の村田修一君しかり、**「勝てるチームにいるか否かで、打撃の質は変わる」と私は思っている。たとえば忘れもしない07年9月、タイロンと藤川球児投手の対決だ。**

首位阪神を1・5ゲーム差で中日が追う試合でのこと。甲子園球場での9回表5対5の二死二・三塁。11球全部ストレート勝負。球児君は意地をかけてストレートを投げ続けた。ダグアウトで「変化球を投げれば空振りするだろうに」と言っている選手もいた。タイロン自身も苦笑していた。

しかし、見ごたえある面白い勝負だった。球児君も一塁があいていたのに、四球にせず、ストライクを投げ切るのは大したものだった。

対するタイロンはそれまで強く振っていたのに、最後はコンパクトに軽打。バットの先端で、ライナーでセンター前に持っていった。**タイロンは不器用そうな雰囲気を持っているが、バットのヘッドを使う器用さがあった。**

チームの勝利や優勝がかかっているというモチベーションが、打撃の質を変えるのだ。

タイロンが中日に在籍した4年間はすべてAクラスで、リーグ優勝1回、54年以来53年ぶり日本一も達成した。

—22—

トニ・ブランコ

内野手

バットをよく折るほど
スイングスピードが速かった

●80年11月10日生まれ、ドミニカ共和国出身。188センチ、102キロ。右投げ右打ち
●サン・アグスティン高→ナショナルズほか→中日（09年〜12年）→DeNA（13年〜14年）→オリックス（15年〜16年）
★通算8年＝750試合、725安打、打率・272、181本塁打、542打点、4盗塁
★首位打者1回、本塁打王1回、打点王2回
★ベストナイン3回、球宴4回
★主な記録＝バレンティンが60本で本塁打王の13年、ブランコが「首位打者・打点王」の二冠王

前項のウッズ選手と本項のブランコ選手はともに、「巨体で一塁を守る長距離砲」ということで混同するファンも多いと思う。「横浜→中日」と移籍したのがウッズ、「中日→横浜(DeNA)」と移籍したのがブランコ。もっと言えば、ウッズが日本球界を引退してからブランコが来日した。

ブランコは中日時代の09年に本塁打王と打点王、DeNA時代の13年に打点王と首位打者のタイトルを獲得している。**13年はバレンティン(ヤクルト→ソフトバンク)がシーズン60本塁打をマークした年で、最後まで打点王と首位打者を争って逃げ切った。**

もう一つ。この13年にはブランコが4番を打っていたDeNA打線を、私がリードした山井大介投手(中日)が4与四球のノーヒットノーランに封じた。

山井は07年日本シリーズ第5戦、岩瀬仁紀投手と「継投・完全試合」を記録したが、6年越しで正真正銘のノーヒットノーランの快投を演じた。

山井は4月にブランコにサヨナラ3ランを浴びるなど、この年はなかなか調子が上がらなかった。それだけに、このノーヒットノーランが翌14年の「最多勝」「最優秀勝率」のタイトル獲得につながるきっかけになった。

スライダーとフォークボールが決め球の山井投手がブランコに対する場合、空振りを取れるような投球を展開する。バットが届かないところに投げていく。だからストライクゾーンから右方向に、キレのある変化球を投じさせると高い確率で空振りをしてくれる。それが少しでもストライクゾーンに入ると、本塁打になるタイプの打者だった。

ヒットにしづらいボール球を打たせて凡打に打ち取るのは、日本人打者も外国人打者も変わらない。ただ、ボール球を振る外国人打者はあまり結果が出ない。ボール球はボール球として見逃して、自分が打てるエリアにきたときに、高い確率でヒットにできる打者が、日本で成功している。

さて、中日時代の11年・12年ともに・248の低打率だったブランコが、なぜDeNA移籍の13年に打率・333をマークして首位打者になったのか。理由の一つは11年・12年に使用していた「飛ばない統一球」を元のボールに戻したこと。

もう一つは広いナゴヤドーム（現・バンテリンドーム ナゴヤ）から、横浜スタジアムに本拠地を移したことだ。ナゴヤドームは両翼100m、中堅122mだが、横浜スタジアムは両翼94・2m、中堅117・7mだ。

ナゴヤでは100％のフルスイングが必要だったのが、8割ぐらいで打てるのでジャストミートの確率は上がる。ナゴヤでフェンス直撃の打球が、横浜ではスタンドインするわけだから、メンタル的にも余裕が出る。私自身も両球場を本拠地としてプレーしたが、全然違う。もちろんブランコ自身の体の状態もよかったのだろう。

ブランコは本当にスイングが速い（編集部注／ブランコは158キロ。バレンティンは151キロ）。また、**あれほどバットを折った選手を見たことがない。**スイングが速いと、投球がバットの先端に当たった時、バットの根元が耐え切れず折れてしまう。

ドアスイング気味なバットの出方もあまりよくなかったので、投球がバットの根元に当たると、そのまま折れてしまう。

両方の折れ方があるのだが、1試合で3本ぐらい折る打者はなかなかいない。現在中日に在籍するビシエド選手もスイングが速いが、とにかくブランコも本当に速かった。

— 23 —

ウラディミール・バレンティン

外野手

「本塁打のツボ」にはまって、シーズン60号の日本新

●84年7月2日生まれ、オランダ領アンティル（現キュラソー）出身。185センチ、100キロ。右投げ右打ち

●セントポールコーリション高→マリナーズほか→ヤクルト（11年～19年）→ソフトバンク（20年～21年）

★通算11年＝1104試合、1001安打、打率・266、301本塁打、794打点、7盗塁

★本塁打王3回、打点王1回

★MVP1回、ベストナイン2回、球宴6回

★主な記録＝打球が飛ばない「統一球」の11年・12年からシーズン60号の13年まで、3年連続本塁打王は王貞治に次ぐリーグ2人目

マリナーズ時代は右翼・イチローとともに右中間を守る強肩外野手だったらしい。まだ若い27歳の来日で、逆に打撃面が開花し、守備面は衰えていった。

ヤクルトの通訳担当が「バレンティンは日本の美味しい焼き肉を食べ過ぎて太った」と冗談半分、本気半分で言っていたのを伝え聞いたが、まず走るスピードが年々遅くなっていった。手を抜いて走っていたのか、走れなくなったのか。

一方で11年からの3年連続本塁打王は、王貞治さんに次ぐリーグ史上2人目だった。11年（31本）は規定打席打率最下位（史上3人目）、12年（31本）は規定打席未到達（2リーグ制後初）、**そして13年は日本新記録のシーズン60本塁打だ。**

来日1年目のリーグ最多三振が示すように、当初は「遠くに飛ばしてやろう」と、強く振ることを主に考えたような感じだった。それが2年目、3年目と徐々に日本で成長していった。

バッテリーの攻め方をいろいろ見て考え、配球を読んで打つことを始めた。もともと遠くに飛ばす技術は持っていたので、あとはどれだけ集中力が保てるかの問題だった。全打席集中されたら相当手強い打者だが、相手チームからすればありがたいことに（笑）、よく集中力を欠いてくれた。

バレンティンの「本塁打のツボ」は真ん中少しだけ外寄り、ベルトより少し高いぐらいにある。ここに投球が行ったら、もう相当な確率で本塁打される。

野村克也さんが「ワシやワンちゃん（王貞治）が作った本塁打記録を日本投手が簡単に破られてしまって嘆かわしい」とこぼしていたが、11年・12年は「飛ばない統一球」でのタイトル獲得だし、13年は元のボールに戻したとはいえ60本はなかなか打てるものではない。大したものだと思う。

11年・12年と2年連続して横浜スタジアムで「1試合3本塁打」をマークしている。両年とも内角高目ストレートを、上手く右ヒジをたたんでレフトスタンドに叩き込んだ。13年の60号はメッセンジャー（阪神）の外角ストレートをライナーで神宮球場のライトスタンドに持っていった。

どの打者にも言えることだが、バッテリーが「内角高目と外角低目」「外角高目と内角低

目」の対角線をコンビネーションで攻めるのは基本である。打者がなかなか打ち返すのが難しいことを、捕手は覚えておいてもらいたい。しかし、そこをバレンティンは打った。

バレンティンはヤクルト在籍９年間において、15年だけ左ヒザ手術の影響で30本塁打を打てなかった。その年、２番・川端慎吾が首位打者、３番・山田哲人が本塁打王と盗塁王、４番・畠山和洋が打点王で、２年連続最下位からリーグ優勝を果たした。ヤンチャなバレンティンもさすがに落ち込んだらしい。

余談だが、13年ＷＢＣオランダ監督を務めたミューレン（ヤクルト95年29本塁打／ロッテ→ヤクルト）や、そのオランダチームで３・４番コンビを組んだジョーンズ（楽天13年26本塁打。メジャー通算４３４本塁打）とは、生まれ故郷キュラソー島でご近所さんらしい。ホームラン打者の生産地（？）だ。

—24—

ブラッド・エルドレッド

外野手

半端ではない飛距離、少なすぎる併殺打

●80年7月12日生まれ、米国フロリダ州出身。196センチ、126キロ。右投げ右打ち
●フロリダ国際大→パイレーツほか→広島（12年～18年）
★通算7年＝577試合、496安打、打率・259、133本塁打、370打点、7盗塁
★本塁打王1回
★球宴2回
★主な記録＝1試合6三振（延長12回）

エルドレッド選手が来日したのは12年。広島は91年の優勝以来、勝利の美酒から20年以上遠ざかっていた。また「三村敏之・広島」の97年以来Aクラスにも入れず、万年5位という状況だった。

広島ファンは勝利に飢え、「野村謙二郎・広島」の4年目、13年に16年ぶりにAクラス入りしたことで俄然(がぜん)優勝への気運が高まった。「カープ女子」という言葉が誕生したのもこのころだ。

エルドレッドは13年限りでの退団が濃厚だったが、謙二郎さんが残留を要望したらしい。

その期待に応え、翌14年に118試合118安打、打率・260、37本塁打（本塁打王）、104打点、41四球169三振（リーグ最多）、8併殺打の成績を残している。「助っ人大砲」として目立ったのは、このシーズンだった。

ストレート待ちの打者だったので、ストレートはなるべく見せ球的に使っていた。待っているエリアから少し曲げてカウントを稼いで、最後はキレのある変化球で空振り三振を狙うという配球だった。

特徴は三振が多くて、四球が少ない。特に併殺打が少なく、毎年1ケタ台だった。エルドレッドは盗塁こそほとんどしないが、足自体はそんなに遅いほうではなかったし、全力疾走する。

とはいえ、右の強打者は強く速い打球が多く、左打者に比べて一塁まで遠いので、シーズン20個前後の併殺打を記録する選手が多いことを考えると特異な少なさだった。

打撃フォームのグリップの位置は高い。本人は「タメを作るために（そこから）手の位置を下げて振ると、ボールとの距離・時間が取れる」と語っている。その持ち上げるような打撃フォームの結果が、ボテボテのゴロアウトやフライアウトになる。だから、走者がいるときに併殺打を取れなかったのではないかと推測する。

本人からしたらまったく満足していない通算成績だろうが、**在籍7年は広島第1期黄金時代のライトル（77年～82年＝6年155本塁打／広島→南海）を超える最長。**通算133本塁打は2位らしい。

２ｍ１３０キロ近い巨体。半端ではない打球の飛距離。17年に右足首を骨折した鈴木誠也選手をおぶった怪力と優しさ。練習に取り組む真面目な態度。広島が好きで、ママチャリで広島市内を移動したという話も聞いている。「広島に愛された男」というフレーズが浮かんでくる。

【第4章】

盗塁王に対してのリード

—25—

緒方耕一

外野手、内野手

スイッチヒッター。
出塁すれば、すかさず走る

●68年9月2日生まれ、熊本県出身。175センチ、68キロ。右投げ両打ち

●熊本工高〈甲子園〉→巨人（87年ドラフト6位～98年）

★通算12年=685試合、486安打、打率.263、17本塁打、130打点、96盗塁

★盗塁王2回

★主な記録=90年33盗塁で野村謙二郎（広島）と、93年24盗塁で石井琢朗（横浜大洋）と、盗塁王を分け合う

この章で取り上げる緒方耕一さん（巨人）、野村謙二郎さん、飯田哲也さん（ヤクルト→楽天）、緒方孝市さん（広島）、赤星憲広選手、石井琢朗選手は、全員が盗塁王を獲得している。

共通点は、三振は少ないが四球も少ないこと。出塁率が高くトップバッターを任されるため、タイプ的にヒットは多くて三振が少ないのは理解できるが、四球も少ないのは意外と思われるかもしれない。

しかし守る側としては、四球を与え、ただで出塁させるのが一番嫌なのだ。だからバッテリーはストライクゾーンに攻めていって、前に打球を飛ばさせてアウトを取りたい。勝負していくので、おのずと四球が少なくなる。

さらに言えば、四球で出塁させて二塁盗塁を許した場合、ノーヒットで得点圏に走者を置くことになる。それを避けたい。勝負すればヒットの確率は高くても10回に3回。低ければ2回だ。だが、四球が絡めば4回、5回と出塁させる確率が増えてしまう。だから勝負するのだ。

緒方耕一さんはプロ12年間で通算４８６安打、うち１００安打以上が2シーズン。90年33盗塁で野村謙二郎さんと、93年24盗塁で石井琢朗と、盗塁王を分け合っている。盗塁王を獲得したときの出塁率が90年・３１３、93年・２８６と高いとは言えないから、**出塁したときはかなりの確率で盗塁を企てたということだ。**

緒方さんはスイッチヒッターだった。身体能力が高い選手にしかできない打ち方だ。私は緒方さんの左打者としての特徴、右打者としての特徴を把握して打席での勝負に臨んだ。

かつては柴田勲さんや松本匡史さん（いずれも巨人）、私の現役時代でも広島の高橋慶彦さん、同じく広島の正田耕三さんら、しぶといスイッチヒッターが存在した。みんな俊足を生かすために左打ちを加えた、後天的なスイッチヒッターだ。全員が盗塁王を獲得している。

首位打者を獲得したスイッチヒッターは前出の正田さん。ほかには西村徳文さん（ロッテ）、金城龍彦選手（横浜→巨人）、西岡剛選手（ロッテ→ツインズ→阪神）。

左右両打席で本塁打を打てるパワーとバネがある打者には松永浩美さん（阪急→阪神→

ダイエー）、松井稼頭央選手（西武→メッツほか→楽天→西武）らがいた。稼頭央はトリプルスリーを記録している。

外国人選手でもデストラーデ（西武→マーリンズ→西武）やセギノール（オリックス→日本ハム→楽天）らがいたが、現在のスイッチヒッターは田中和基選手（楽天）や金子侑司（西武）ら数えるほどしかいない。投手のアンダースローとともに「絶滅危惧種」と呼ばれることもある。

—26—

野村謙二郎

内野手

初球からの一発が要注意の攻撃的な1番打者

●66年9月19日生まれ、大分県出身。176センチ、78キロ。右投げ左打ち

●佐伯鶴城高→駒大→広島（89年ドラフト1位〜05年）

★通算17年＝1927試合、2020安打、打率・285、169本塁打、765打点、250盗塁

★最多安打3回、盗塁王3回

★ベストナイン3回、ゴールデングラブ賞1回、球宴8回

★主な記録＝トリプルスリー

達川光男さん（広島）が最近仰っていた。

「もう30年以上も前、当時の広島のスカウトが『達川のキャッチャーミットを1個くれ。いい高校生キャッチャーが島根（江の川高〈現・石見智翠館高〉）におる。プレゼントするから』と言ってきた。結局、広島のドラフト1位は谷繁でなく、内野手の野村謙二郎だったので、ワシの選手生命も延びたが、野村もいい選手に成長した」

謙二郎さんは17年間の現役生活のうち「シーズン150安打」以上が7回もあった。ヒットで出塁して盗塁王につなげた。**初回先頭打者本塁打が通算21本あったが、うち初球を打ったのが7本で史上1位。**

つまり初球から打つ攻撃的な打者として有名だった。何でもかんでも振るというわけではないが、ある程度ストライクゾーンに来た投球は振りにいくタイプだった。

通算四球数は562個で1年平均33個と多くはない。だから初球から振ってくることを利用して、ストライクゾーンの中で1球目2球目を少し変化させて打ち取ることを意識してリードした。

謙二郎さんが若いころは落ちる系の球を配したが、ベテランになるにつれストレート系でポップフライを上げさせることを狙った。

苦手な投手のタイプは、総じて内角にキレのあるストレートやスライダーを投じるコントロールのいい右投手だった。代表的なのは斎藤隆さんや川上憲伸だ。

内角のいいところにストレートがいくと詰まる。そこから少し変化させると空振り。バットに当てたらファウル。いい当たりでもファウルになるので根気比べになる。

「もうそろそろ外角にいかなきゃな」と外角にいった球を上手く一・二塁間に運ばれたりした。

「1番打者はじっくり球を見極めて、投手にたくさん投げさせるのが役割」と言われる。最近でこそ最初からセットポジションで投げる投手が増えたが、2000年代に入ったころはまだワインドアップで投げている投手が多かった。

たとえば試合前にブルペンで40球投げるとする。25球から30球くらいはワインドアップで投げて、セットポジションは3分の1の10球から15球くらい。

先発投手は立ち上がり、どこか探り探り投球フォームを修正しながら投げる場合が多い。それを「用意ドン」でワインドアップで投げて1球か2球で出塁された場合、すぐにセットポジションにしなくてはいけない。するとリズムがつかめず、修正できないまま大量失点につながる危険性も高くなる。だから「立ち上がり」は難しい。

球をじっくり見極めて粘ってくる1番打者は、投手が球数を放れて微調整を施せる。対して攻撃的に初球からいきなり振ってくる謙二郎さんのようなタイプの打者のほうが私は嫌だった。

謙二郎さんは90年に前出の緒方耕一さんと同じ33個で盗塁王を分け合っているが、盗塁失敗はリーグ最多の23個もあった。翌91年も31個で盗塁王、失敗は5個とすぐさま改善。それらにも代表されるよう、打撃も走塁も守備も常に攻撃的な選手だった。言葉で表現すると「熱い人」だった。

—27—

飯田哲也

外野手

ライト前に落とされるか、
二塁フライに打ち取るか

●68年5月18日生まれ、東京都出身。173センチ、72キロ。右投げ右打ち

●拓大紅陵高〈甲子園〉→ヤクルト（87年ドラフト4位～04年）→楽天（05年～06年）

★通算20年＝1505試合、1248安打、打率・273、48本塁打、363打点、234盗塁

★盗塁王1回

★ベストナイン1回、ゴールデングラブ賞7回、球宴2回

★主な記録＝27連続盗塁（92年当時のセ・リーグ新記録）

ヤクルトの飯田哲也さんは「野村ＩＤ野球の申し子」の異名を取った。野村野球は「コンバート」や「トレード」で潜在している素質を顕在化させることにある。

飯田さんは捕手で入団したのだが、俊足を生かして外野手にコンバートされて素質が一気に開花した。ＩＩＤＡの略からＩＤ野球だと言う人もいるそうだ（笑）（編集部注／ＩＤ＝Ｉｍｐｏｒｔａｎｔ Ｄａｔａ＝データ重視）。

92年の27連続盗塁は、当時のセ・リーグ新記録（19年ヤクルト・山田哲人が33連続盗塁で更新）。95年はタイトルこそ逃したが、35盗塁。97年は26盗塁で打率・３０６。そして守れば7年連続ゴールデングラブ賞。

さらに言えば、92年西武との日本シリーズ。当時球界を代表する外野手だった平野謙さん（中日→西武→ロッテ）と、走攻守ともに渡り合い、勝るとも劣らなかった。加えて翌93年の日本シリーズで二塁走者を刺した60ｍの「世紀のバックホーム」。**ヤクルト黄金時代の「1番・センター」と言えば飯田さんだった。**

飯田さんはみずからの調子によって2種類のバットを使い分けていたという。

「1番打者として簡単に打ち上げず、ゴロを打つ打撃を心掛けた」

本人の弁は、やはりみずからを戒めていたのだと思う。

なぜなら少し小手先で打つような感じがあったので、外角球のストライクゾーンへの出し入れが飯田さんに対する配球の基本だった。それに初球から手を出させて二塁ゴロ、二塁ポップフライ、ライトフライ、センターフライで打ち取りたいと思って投手をリードした。

塁に出したらうるさいので、その攻めで術中にはめることを考えた。**ライト前に打つ技術があったため、外角一辺倒で狙い打ちされることに注意した。**どこかで違うコース、球種を混ぜながら、やはり基本は外角球の出し入れで、小手先で打たせる。

飯田哲也（ヤクルト）通算20年＝1505試合1248安打、打率・273、234盗塁。

赤星憲広（阪神）　通算9年＝1127試合1276安打、打率・295、381盗塁。

2人とも小柄で俊足を生かした「1番・センター」。赤星もいい選手だが、飯田さんの類いまれな身体能力から考えたら、もっと数字を残せたのではないかと思う。

―28―

緒方孝市

外野手

塁に出せば走られて、
勝負すれば本塁打

●68年12月25日生まれ、佐賀県出身。181センチ、80キロ。右投げ右打ち

●鳥栖高→広島（87年ドラフト3位～09年）

★通算23年＝1808試合、1506安打、打率・282、241本塁打、725打点、268盗塁

★盗塁王3回

★ゴールデングラブ賞5回、球宴1回

★主な記録＝現役通算23年は「鉄人」衣笠祥雄に並ぶ球団史上最長

緒方孝市さんは、奇しくも名前が同じ読みの巨人・緒方耕一さんと同い年。同じ九州出身で、同じ年のドラフト指名で話題になった。広島の緒方さんが3位指名、巨人の緒方さんが6位指名だった。

緒方孝市さんは95年に47個の盗塁王で一躍レギュラーを奪取すると、以降3年連続盗塁王に輝いた。前出の江藤智選手の項で書いたが、96年の広島「ビッグレッドマシン」は、チーム打率・281、130試合で162本塁打。

19年に山川穂高、森友哉（西武→オリックス）、中村剛也などを擁して「山賊打線」と呼ばれる豪打で優勝した西武のチーム打率が・265、143試合で174本塁打だから、96年広島ビックレッドマシンの破壊力も想像できるだろう。

当時の広島は95年にドミニカから来たチェコ（広島→レッドソックスほか）が15勝した。96年は、エース・紀藤真琴（広島→中日→楽天）が12勝したが、「メークドラマ」で11・5ゲーム差を大逆転され、巨人に優勝をさらわれた。

広島市民球場と当時私が在籍した横浜の本拠地・横浜スタジアムは、ともに狭い球場で両チームの試合は乱打戦が多かった。「守護神」の佐々木主浩さんの存在があった分、横浜は97年２位、98年にリーグを制した。

緒方孝市さんは広島ビッグレッドマシンの１番打者として96年23本塁打、50盗塁。99年には36本塁打を放っている。先ほどの野村謙二郎さんのように、初回先頭打者本塁打を通算28本、うち99年に８本。まさに核弾頭と呼ぶにふさわしい。

通算四球数は６３０個で１年平均27個とやはり多くはなかった。**出塁すれば走るからバッテリーは勝負するし、勝負すれば本塁打を放つので手がつけられなかった。**

長打力がある緒方さんは、甘い外角球を打つのが球種を問わずすごく上手だった。

だから外角はストライクゾーンから外に逃げるボール球で誘うと、追いかけて片手を離し、ファウルや空振りになった。

左投手が投げる内側に入ってくる球も好きそうだった。内角低目の少し甘目の球をよく打つイメージがある。

しかし、96年はＭＶＰの巨人・松井秀喜、本塁打王の中日・山﨑武司さん、首位打者の中日・パウエルが外野手ベストナイン。99年は松井秀喜、優勝チームの1番で打率・330の中日・関川浩一さん（阪神→中日→楽天）、打率3割30本90打点の高橋由伸選手が外野手ベストナインに選出された。

外野は激戦区とはいえ、**緒方さんがベストナインを1回も受賞していないのは「球界の七不思議」だろう。**私は98年に1度取っておいてよかった（笑）。

ほかにも、トリプルスリーを達成している野村謙二郎さんの20本塁打以上は、95年の1回だけ。金本知憲さんも20盗塁以上は00年の1回だけだった。3人の中でも一番トリプルスリーを達成する可能性が高そうな緒方さんが1回もない。

さて、盗塁を企てる雰囲気は当然ながらみんなおくびにも出さない。だから私はボールカウントなどで走ることを推測する。

対処法は、投手に牽制球を少し多めに放らせるとか、走者を背負ったときのクイックモーションを「さらに速いクイックで投げてくれ」のサインを出すとか。

ここに挙げた盗塁王の中で、私が一番嫌だったのは何を隠そう緒方孝市さんだ。3年連続盗塁王の全盛期は速すぎて全然刺せないと思った。スタート、スピード、スライディングのいわゆる3Sが全部速い。しかも、あの土のグラウンドの広島市民球場を本拠地にして、だ。

緒方さん、野村謙二郎さんらに2イニングで計4盗塁されたことがある。当時の広島市民球場は、グラウンドと客席がかなり近い感じがあった。攻撃時にネクストバッターズサークルで自分の打席を待っていると、年間指定席に座るカップルに上から見下ろされて、語りかけられるように言われた。

「おい谷繁。オマエ1個ぐらい……、刺せよな」

「そうよ、そうよね」

(……無言)

本当、緒方さんはそのくらい刺せなかった……。

— 29 —

赤星憲広

外野手

打者としても走者としても
球種を考えさせられた

●76年4月10日生まれ、愛知県出身。170センチ、66キロ。右投げ左打ち

●大府高〈甲子園〉→亜大→JR東日本→阪神（01年ドラフト4位〜09年）

★通算9年＝1127試合、1276安打、打率・295、3本塁打、215打点、381盗塁

★盗塁王5回

★ベストナイン2回、ゴールデングラブ賞6回、球宴3回、新人王

★主な記録＝通算381盗塁は呉昌征と並び史上9位タイ

赤星憲広選手は、01年の入団以来、リーグ初の5年連続盗塁王。しかも福本豊さん（阪急）以来の3年連続60盗塁をマークした。

最近、各チームとも多くの投手がクイックモーションで投げられるようになってきたし、牽制技術も上がったので、セ・リーグ盗塁王の盗塁数は30個ほどというシーズンが10年以上続いている。

赤星選手の現役当時、古田敦也さん、阿部慎之助選手、中村武志さん（中日→横浜）、そして私らの捕手を相手に、よく60個も走ったと思う。しかも通算300盗塁以上で史上3位の盗塁成功率81・2％という高い数字を誇った。

03年阪神優勝時は1番・今岡誠、2番・赤星。今岡が出塁すると、左打者の赤星にはバントではなく基本打ちにいかせていた。**ヒットは多いし、内野ゴロでも赤星ではゲッツーがなかなか取れない**。今岡は首位打者を獲得したが、盗塁はほとんどしない選手。一塁に残った赤星が二盗すればいいと阪神ベンチは考えていたのだと思う。

05年阪神優勝時は赤星が1番で、鳥谷敬（たかし）選手（阪神→ロッテ）が2番に打順が変わった。**赤星は05年はシーズン190安打、盗塁王、119得点をマークしてリーグ優勝に貢献した。**5番に入った今岡は史上3位の147打点を叩き出し打点王に輝いている。

「1、2球目までに走って、次打者には打撃に専念させたい。だから次打者とその次の打者の1、2球目に、捕手はどんな球種を投げさせる傾向が強いか調べてほしい」

そんな要求を出す、スコアラー泣かせの選手だったそうだ。

投手にサインを出していると、一塁走者・赤星の視線をよく感じた。目もよく合った。打者を抑える球種を選びながら、「ここで赤星が走ってきそうだから球種を変えようかな」と駆け引きを考えさせられる走者だった。

「あれ、1球目スライダーだったのに、赤星走らなかったのかい（笑）」

赤星が走ることを察知した私が、投球を外して二盗を刺し、ガッツポーズしたこともある。

そんな具合に、打者としての「狙い球」と「配球」の読み合いだけではなくて、走者とし

ての「走る」「走らない」の読み合いをさせてくれる選手だった。

04年と06年は中日が優勝。阪神と中日が交互に優勝していた時期だ。

特に04年の中日は、投手・川上憲伸、一塁・渡邉博幸、二塁・荒木雅博、遊撃・井端弘和（中日→巨人）、左翼・アレックス（中日→広島）、中堅・英智(ひでのり)と6人のゴールデングラブ賞選手を輩出した。さらに右翼には福留孝介もいて、当時のチーム守備率セ・リーグ記録を更新した、まさに水も漏らさぬ鉄壁の守備陣だ。ちなみに、もう一人の外野ゴールデングラブ賞受賞者は赤星だった。

「自分は左方向に打つのが本来の打撃だから、左方向に上手く打ったつもりでも、投手・吉見一起、捕手・谷繁さんのときは、はかったように左方向に打たせられた結果になった」（赤星）

私は赤星を外角低目でゴロを打たせることを狙った。先述したように、四球で出塁させて二盗されるのが一番嫌だったからだ。とにかく前にゴロを打たせて、内野陣にアウトにしてもらうことを考えた。

忘れもしない。06年山本昌さんのノーヒットノーラン、最終打者は赤星だった。

「ど真ん中にスクリューのサインを出して、前に打たせれば絶対ゴロアウトを取れる」

案の定、三塁ゴロに打ち取った。

赤星にしてみれば術中にはめられたと思っていたかもしれない。だが、そのときに限らず、打球が飛ぶコースが野手寄りだとアウト、少し外れればヒット。ほんの紙一重の差だった。

それにしても、**赤星の打撃を見ていると、彼はとにかく己を知っていた。フライを上げない。内野ゴロを打って間を抜くだけでなく、ボテボテでも内野安打で出塁する。足を生かすことに徹していた。**現役9年間で打率3割を5回。足で稼いだ通算打率・295だと思う。

さて、これまで挙げてきた盗塁王と赤星は内容が違う。通算四球426個で、1年平均47個と多めだ。赤星が小柄なため、投手たちが投げづらかったのではないかと思う。

通算三振664個で、1年平均74個と多いのは、初球から打つタイプではなかったし、球数を投げさせてファウルで粘ったが、最終的に三振に終わったということだろう。

赤星は守備面においても、投手の球種と打者のタイプから事前に打球方向を考えるポジショニング、俊足を生かした広い守備範囲などを誇っていた。しかし、積極的なダイビングキャッチで脊髄(せきずい)を痛め、選手生命をわずか9年で終えたのは何とも惜しい。記録にも記憶にも残るスピードスターであった。

— 30 —

石井琢朗

内野手

投手1勝から打者に転向、2000安打と300盗塁

●70年8月25日生まれ、栃木県出身。174センチ、78キロ。右投げ左打ち

●足利工高→横浜大洋（89年ドラフト外～08年）→広島（09年～12年）

★通算24年＝2413試合、2432安打、打率・282、102本塁打、670打点、358盗塁

★最多安打2回、盗塁王4回

★ベストナイン5回、ゴールデングラブ賞4回、球宴6回

★主な記録＝勝ち星を挙げた投手が打者転向しての通算2000安打は川上哲治（巨人）以来。ドラフト外入団選手の通算2000安打は秋山幸二（ダイエー）以来

私と同い年。ドラフト1位が私で、石井琢朗選手は投手としてドラフト外入団。1勝を挙げたのち、野手に転向した。

97年当時の横浜は、一塁・駒田徳広さん、二塁・ローズ。ローズは守備範囲がそんなに広くはなかったが、ゲッツーを確実に取れた。三塁・進藤達哉さんはゴールデングラブ賞3回。

遊撃の琢朗は打球を捕ってからの送球が速かったし、元投手だけに強肩だった。横浜はマシンガン打線ばかりが注目されたが、内野守備も鉄壁だった。

琢朗はその97年から5年連続ベストナイン。野村謙二郎さんの次世代のリーグを代表する遊撃手だった。当時はシーズン160本前後のヒットを打って、それを3年連続盗塁王につなげていた。

当時は琢朗、波留敏夫の1・2番コンビ。ベンチからのサインではなくて、2人のアイコンタクトで「いつ走るか」（琢朗）、「何球目まで待つか」（波留）を決めていた。琢朗が走れば波留はわざと空振りし、一つのストライクを犠牲にして二塁盗塁を助けた。

琢朗は「自分は簡単にヒットを打てるタイプではなかったので、投手に球数を投げさせ小技を生かした」と言っていた。工夫して自分の打撃の形を見つけ、通算２４３２安打は史上11位。

勝ち星を挙げた投手が打者転向しての通算２０００安打は、川上哲治さん（巨人）以来、ドラフト外入団選手の通算２０００安打は秋山幸二さん（西武→ダイエー）以来だ。

走塁面でも研究して相手のクセを見つけ、相手を揺さぶった結果が、史上16位の通算３５８盗塁。自分がどうすればプロの世界で生きていけるか、努力であそこまで登りつめた選手だ。

私は02年から中日に移籍し、琢朗は09年に広島に移籍して12年まで戦ったが、どうしてもチームメイトとしての印象が強くなってしまった。

さて、私の中ではこれまで挙げた盗塁王はみんなタイプが違う。私の表現で言うと以下のようになる。

緒方耕一さんは、走るために出てきているから、どこかで走る。

野村謙二郎さんは、常に走りそうな雰囲気がある。

飯田さんは、動きを入れながら走る準備をしている。

緒方孝市さんは、瞬発的な強さがスタートから最後まで続く。

赤星は、気配を感じさせず忍者のようにスルスルとスタートを切る。

琢朗は、平常心のリードの中で盗塁行くぞ。


盗塁王のタイトルを獲った打者以外で、盗塁に関してだけ言えば、鈴木尚広（巨人）はベンチに「走ってくれ」と代走に出され、相当なプレッシャーの中で成功するところがすごいと思った。

俊足の選手が一塁にいると、リードもストレート系に偏る可能性があるし、警戒するがゆえに投手のコントロールに狂いが生じたりするので、バッテリーとしてやはり嫌だ。

だから足攻はすごく武器になる。

【第５章】

印象深い打者に対してのリード

—31—

清原和博

内野手

「無冠の帝王」。低目ストレート、変化球打ちが上手かった

●67年8月18日生まれ、大阪府出身。188センチ、104キロ。右投げ右打ち

●PL学園高〈甲子園〉→西武（86年ドラフト1位～96年）→巨人（97年～05年）→オリックス（06年～08年）

★通算22年＝2338試合、2122安打、打率・272、525本塁打、1530打点、59盗塁

★ベストナイン3回、ゴールデングラブ賞5回、球宴18回、新人王

★主な記録＝通算サヨナラ安打20本（歴代1位）、通算サヨナラ本塁打12本（歴代1位）、通算死球196（歴代1位）、通算三振1955（歴代2位）

「無冠の帝王」清原和博さん。ノンタイトルであっても「帝王」の称号を冠せられる清原さんに触れないわけにはいかない。清原さんのＰＬ学園高時代の甲子園13発（通算本塁打）。３歳下の私は、中学時代、テレビ画面に釘付けだった。

ドラフト制が導入される65年以前に「高卒野手1年目」で新人王を受賞したのは、52年中西太さん（高松一高→西鉄〈現・西武〉）、53年豊田泰光さん（水戸商高→西鉄→国鉄〈現・ヤクルト〉）、55年榎本喜八さん（早実高→毎日〈現・ロッテ〉→西鉄）、59年張本勲さん（浪商高→東映→巨人→ロッテ）の４人だけ。

ドラフト制導入以降も、86年清原和博さん、88年立浪和義さん（ＰＬ学園→中日）の２人だけで、立浪さん以来出ていない。いかに清原さん・立浪さんの時代のＰＬ学園高の技術レベルが高かったかということだ。

立浪さんとともに甲子園春夏連覇を成し遂げたときのエース・野村弘樹さん（横浜）が私より1歳上で、同じ広島県出身ということもあって可愛がってもらったものだ。

清原さんは西武11年間で通算３２９本塁打を放ち、４番打者として8回のリーグ優勝に貢献。ＦＡで97年に巨人に移籍した。以来、９年間セ・リーグで戦うことになった。

97年の清原さんは32本塁打95打点ながら打率・２４９、１５２三振（リーグ最多）と苦しんだ。思えば、同様にＦＡで95年巨人に移籍した広澤克実さんも20本塁打72打点を挙げながら打率・２４０。打率が低いと、どうも巨人ファンは選手にきつく当たるようだ。

当時私がテレビ出演したときにも話したのだが、清原さんは佐々木主浩さんとの対戦のとき打席で思いつめたように「フォーク、フォーク」とつぶやいていた。それが捕手の私に聞こえたのだ。

98年は横浜が38年ぶりに優勝の美酒に酔ったシーズンだ。**ライバル巨人の主砲・清原さんに対する佐々木さんの投球は、フォークボールを意識させながらストレートで追い込む。逆に、ストレートを意識させながらフォークを振らせる。**

対清原さんだけでなく、どの打者を攻めるのにおいても、フォークと１５０キロストレートが武器の佐々木さんの場合は大体そうなる。

清原さんが巨人に移籍してきたころは、ストレートに少し差し込まれる傾向があったので、ストレート主体で攻めることが多かった。**150キロ近いスピードボールを持つ投手**

であれば、清原さんにはストレートで押したい。それも少し高目。低い投球を打つのが清原さんは上手かったからだ。

05年に阪神・藤川球児君との勝負で、7回裏二死満塁フルカウントから藤川君はフォークボールを投げた。これに対し、清原さんは「それでも男か」という趣旨の発言をして物議をかもした。7回阪神8点リードの展開で、もう勝負がついている試合だったから「ストレートだけでもいいのではないか」という場面だった。しかも清原さんの通算500号がかかっていて、ストレートを思い切り振りたかったのだと推察する。

あの発言だけを聞くと「ストレートが得意で、変化球が苦手」と感じた野球ファンがいるかもしれないが、そうではない。**清原さんはスライダーなどの変化球を打つのが本当に上手かった。特に調子の良かった01年には、打率．298、29本塁打121打点を叩き出している。**

ただ、腕を強く振って、キレのある変化球を放る投手が苦手そうに見えた。球種にヤマを張るときもあったが、**基本的にはストレートを打ちにいって、タイミングが合えばその**

まま打つという形だった。だから投手が球をリリースした瞬間にストレートだと思ったが、実際は変化球だったという投手は苦手なのだろう。また、清原さんは内角が少し窮屈そうに見えた。

清原さんの言葉を借りれば「しばき上げて、遠くに飛ばす」。快音を残した打球はスタンドに吸い込まれた。レフト257本・センター112本・ライト156本と、3方向に打ち分けた。

いずれにせよ史上5位の通算525本塁打は、王貞治さん868本、野村克也さん657本、門田博光さん（南海→オリックス→ダイエー）567本、山本浩二さん（広島）536本に続く大記録である。

—32—

前田智徳

外野手

一番嫌だった打者。通算3000安打を打つと思った

●71年6月14日生まれ、熊本県出身。176センチ、80キロ。右投げ左打ち

●熊本工高〈甲子園〉→広島（90年ドラフト4位〜13年）

★通算24年＝2188試合、2119安打、打率・302、295本塁打、1112打点、68盗塁

★ベストナイン4回、ゴールデングラブ賞4回、球宴7回

★主な記録＝1試合6安打（延長戦）

過去、私が対戦した中で一番嫌な打者、イコール「一番いい打者」だと思ったのが前田智徳選手（広島）だ。

プロローグでストライクゾーン9マスの話をしたが、とにかく弱点らしい弱点がなかった。

前田は各エリアでバットの角度が違う感じがする。外角高目はバットのヘッドがちゃんと立って出てくる。外角低目はこう、内角高目はこう、内角低目はこう、と、それぞれ常にヒットになるようなバットの出し方をしてくる。自由自在にバットを操る。

その9マス、内角であっても外角であっても、ストレートであっても変化球であっても関係ない。打球を全部90度のフェアグラウンドに入れてくる。唯一、ミスするのはド真ん中だろうか。逆に迷ってしまうからか（苦笑）。

たとえば同点の9回二死満塁、打者・前田を迎えたとする。

投手にもよるが、外角低目主体になるだろう。もしくは打ち損じを待つ。ただ、好打者が

「打率3割・打ち損じ7割」のところを、前田の場合は「打率5割・打ち損じ5割」の覚悟で臨んだ。好調のときは打率5割を打つのではないかと私は感じていた。

前田は私より1歳下。前述のように、横浜大洋の鈴木尚典選手（91年）、オリックスのイチロー選手（92年）、近鉄の中村紀洋選手（92年）ら、当時ドラフト4位入団には大化けする選手が続出した。スカウトも「ドラフト3位までは球団の補強ポイントや有名どころを指名せざるをえない。スカウトの力量が問われるのはドラフト4位だ」と話す。前田はその筆頭格だ。

前田はプロ2年目の91年、「1番・センター」で開幕戦のスターティングメンバーを勝ち取る。そして、いきなりホームラン。プロ初本塁打を開幕戦先頭打者本塁打で飾ったのは前田だけだ。のちに2番打者でレギュラーに定着し、7年ぶりのリーグ優勝に貢献。また、外野手として史上最年少のゴールデングラブ賞を獲得、94年まで4年連続で獲得した。

95年5月23日のヤクルト戦、一塁への走塁時に右アキレス腱を断裂。

「阪神の掛布雅之さんが23、24歳で30本も40本もホームランを打っていたから、僕も打ち

たいと思って体重を増やした。現在のようなトレーニング法がない時代だから、アキレス腱故障につながってしまった」(前田)

緒方孝市さん(広島)があの打棒でベストナイン受賞経験がないのは不思議だったが、前田も打撃3部門のタイトル獲得経験がない。

タイトル獲得に一番接近したのは98年だったかもしれない。横浜が38年ぶりに優勝を果たしたこの年は、2年連続首位打者を狙う鈴木尚典が打率・337、2位の前田が打率・335。横浜と広島の最終戦、直接対決は両選手欠場となってかなわず。前田は惜しくもタイトルを逃した。

以下が98年広島の強力打線だ(△は左打者、■はスイッチヒッター)。

1番(遊)△野村謙二郎　・282　14本　49打点
2番(二)■正田　耕三　・274　1本　17打点
3番(右)△前田　智徳　・335　24本　80打点

4番（三）　江藤　智　・253　28本　81打点
5番（左）△金本　知憲　・253　21本　74打点
6番（中）　緒方　孝市　・326　15本　59打点

それから約10年後の07年、前田はヒットを積み重ねた。地元・広島市民球場での試合で何とか通算2000安打を達成させようとナインは奮起、8回裏に打者一巡。前田は右前に火の出るような当たりを飛ばした。

「この日が来るのはアキレス腱を切って以来、夢のまた夢でした。ケガをして、チームの足を引っ張ってきました。こんな選手を、応援していただいて、ありがとうございます」

前田の苦労を知っているチームメイト、ファンを前に、感動のヒーローインタビューだった。広島番ではないプロ野球番記者も思わずもらい泣きをしたと聞く。

プロ24年の現役生活だったが、ケガで棒に振ったシーズンもあった。**それでも打率3割11回は驚異的だ。**「たら、れば」の話になるが、アキレス腱を故障しなかったら、**単純計算で1シーズン150安打×実働20年で3000安打を打っていたと思う。**それくらいの打者だった。**球史を代表するバットマン、落合博満さん、イチロー選手、松井秀喜選手も前田を異口同音に「日本一の打者」だと絶賛した。**

現役時代はグラウンドで、常に野武士的な雰囲気を醸（かも）し出していた。ポーカーフェイスでいつも冷静。

「シゲさん、こんにちは」

最初の打席でそのひと言だけ。ルーティンも毎回一緒。よくバットを指でコンコンと叩いていた。

お互い現役を引退して野球解説者になってから、ゴルフの話はよくするが、野球の話はなぜかしない（笑）。天才と称される打撃の話を一度くわしく聞いてみないといけない。

—33—

大谷翔平

外野手、投手

球を「運ぶ」ようになって飛距離が伸びた

●94年7月5日生まれ、岩手県出身。193センチ、97キロ。右投げ左打ち

●花巻東高〈甲子園〉→日本ハム（13年ドラフト1位～17年）→エンゼルス（18年～）

★日米通算10年＝984試合、826安打、打率・273、175本塁打、508打点、79盗塁

★MVP2回（日米各1）、球宴5回（日5、米2）、新人王（米）、エドガー・マルティネス賞2回
「シーズン10勝・20本塁打・100安打」＝投手部門とDH部門で16年ベストナイン同時受賞（日）。

サイクルヒット（米）、21年に史上初の「1番DH・投手」で球宴出場（米）

★主な記録＝21年に「投手で9勝・100投球回・100奪三振、打者で100試合・46本塁打・100打点・100得点」（米）
22年に史上初の「投手で規定投球回（15勝）、打者で規定打席（160安打）」到達（米）

大谷翔平選手の、投手と打者の「二刀流」は、メジャーではTWO-WAY PLAYERと呼ばれる。

私は、大谷が日本ハムに在籍中だった13年から16年までの間にセ・パ交流戦で対戦している。もっとも16年の私は監督専任であった。

16年に投手で10勝、また日本最速の165キロをマーク（21年巨人・ビエイラが166キロで更新）。打者で104安打、打率・322、22本塁打、67打点。

大谷の何がすごいか。この16年から「投手」と「野手」の両方でのベストナイン受賞が認められるように、表彰の「ルール」を変更させてしまったことだ。しかも適用されるのは大谷だけなのだ。同賞は日本プロ野球界において1940年から77年間続いていた。

それはメジャーでも同様である。栄えあるオールスターのルールまで変更させてしまった。

本来、投手が打たない代わりに「DH」（Designated Hitter＝指名打者、専用の打者）が打席に入る。つまり、投手で出場していたら打席に入れない。21年公式戦のエンゼルスはＤＨを解除して大谷が「打順１番・投手」で出場したとき、**大谷が打たれて降板したら試合から外れなくてはいけないし、ＤＨを解除しているので大谷のあとのリリーフ投手も打席に入らなくてはならなかった。**

しかし、21年オールスターで大谷は「打順１番ＤＨ・投手」で出場。１回表の打席に立ち、その裏にマウンドに上がった。その特別ルールが22年から公式戦でも採用された。**22年は大谷が降板後、ＤＨとして打席に立てたのである。**

それにしても22年の大谷は、誤解を恐れず敢えて乱暴な表現をすると、ダルビッシュ有（パドレス22年16勝／日本ハム→レンジャース→ドジャース→カブス→パドレス）と松井秀喜（ヤンキース04年31本塁打）をプラスしたような「リアル投打二刀流」の成績だった。

●投手・大谷＝28試合　15勝9敗　防2・33　１６６回　１２４被安打　２１９奪三振　44与四球

●打者・大谷＝１５７試合　１６０安打　打率・２７３、34本　95打点、72四球　１６１三振

■ダルビッシュ＝30試合　16勝8敗　防3・10　194回　148被安打　197奪三振　37与四球

■松井＝162試合　174安打　打率・298　31本　108打点　88四球　103三振

打撃は、20年までは左中間に流し打った打球が伸びたときにスタンドインする印象があったが、21年はレフトに力強く「グリーン・モンスター」越え。さらにライトに思い切って引っ張って本塁打にしている。

（編集部注／レッドソックスの本拠地球場であるフェンウェイ・パークは左翼が94・5mと短い。そこで、本塁打が容易に出るのを防ぐ目的で、高さ11・3mのフェンスが設置されており、グリーンに塗られているため、通称「グリーン・モンスター」と呼ばれている）

もともとスイングが速かったところにきて、体がひと回り大きくなって力も付いて、振っているというより運んでいるような感じになった。

映像で見るとアッパースイング気味に振っているように見えるが、私はアッパーではないと思う。**インパクトまで、投球の軌道に合わせてバットのヘッドを出している。当たってから運んでいるイメージだ。**

最近は「フライボール革命」がもてはやされている。ボールの少し下にバットを入れて逆スピンをかける。打球が時速158キロ以上、角度が26度から30度で上がった打球が最もヒットや本塁打になりやすいというものだ。メジャーで通算344本塁打を放ったホセ・バティスタ（ブルージェイズほか）がそのタイプだろう。

大谷は王貞治さんに近いのだと思う。王さんにも「上から叩いて、インパクトの瞬間からアッパースイング」というイメージを私は持っていた。しかし、YouTubeで昔の映像を見てみると、球を「運んでいる」のだ。

落合博満さんも「上から叩け」と言うが、叩いているように打っていない。どちらかと言うと右に運んでいる。でも、人に教えるときは「ボールの下にバットをこう入れると球が飛んでいく。そうやって自分は打った」と仰る。しかし、実際に映像で確かめると、どう見ても「運んでいる」。

大谷は腕も長いし力もあるから遠心力がかかって、ジャストミートしたときに力が伝わって打球が伸びていく。三振の多さも今後改善されると思う。当てにいくタイプではないので、それなりには三振するだろうが、せめて100個くらいに抑えれば、打率も上がっていくだろう。

大谷ももう20代後半。35歳くらいまで二刀流を続けてくれれば面白い。最終的に残るのは打つほうだと思う。投手ができなくなったとき、しっかり打者専念の判断をしてほしい。

「打者・大谷vs捕手・谷繁」なら？　内角への投球でファウルを打たせてカウントを稼ぐ。打者にとって邪魔な内角高目の球で嫌な感じにさせておいて、外角に落とす。これが基本の配球になる。

―34―

イチロー

外野手

見逃しと思ってから出てくるバット、芯に当てる技術

●73年10月22日生まれ、愛知県出身。180センチ、71キロ。右投げ左打ち

●愛工大名電高〈甲子園〉→オリックス（92年ドラフト4位～00年）→マリナーズ（01年～12年）→ヤンキース（12年～14年）→マーリンズ（15年～17年）→マリナーズ（18年～19年）

★日米通算28年＝3604試合、4367安打、打率・322、235本塁打、1309打点、708盗塁

★首位打者9回（日7、米2）、打点王1回（日）、最多安打12回（日5、米7）、盗塁王2回（日1、米1）

★MVP4回（日3、米1）、ベストナイン10回（日7、米3）、ゴールデングラブ賞17回（日7、米10）、球宴17回（日7、米10）、新人王（米）

★主な記録＝日米通算4367安打（日1278、米3089　参考：ピート・ローズ4256、張本勲3085）、3年連続MVP（日＝山田久志と並ぶ）、首位打者7回（日＝張本勲と並ぶ）、シーズン最多安打262（米）、10年連続200安打（米）

93年、イチロー選手（当時オリックス）のプロ初本塁打は野茂英雄さん（近鉄→ドジャースほか）からだった。初本塁打が名投手からだったのは、その後のイチローの華々しい活躍を暗示してはいないか。

94年にシーズン210安打を放って打率・385の高打率で首位打者。その年から7年連続首位打者。首位打者7回は張本勲さんに並ぶ。

95年・96年はオリックスが優勝を果たし、「3年連続MVP」を手中にした。これは山田久志さん（阪急）に並ぶ偉業である。オリックスの優勝はこのときから21年・22年まで遠ざかる。

メジャー・リーグでは01年首位打者、盗塁王、新人王、MVPを獲得した。

04年には、84年間破られることのなかったジョージ・シスラーの歴代メジャー・シーズン最多257安打を破り、262安打まで記録を伸ばした。

01年から10年連続シーズン200安打をマーク。

07年ランニング本塁打を含む3安打でオールスターMVP。

メジャー・リーグだけで通算３０８９安打を放っており、日本最多の張本勲さんの通算３０８５安打を破る。

また日本球界での１２７８安打を含めた日米通算４３６７安打は、ピート・ローズ（レッズほか）の持つＭＬＢ通算最多安打記録４２５６安打を上回る。

日本9年・米国19年の現役通算28年。19年のマリナーズ開幕戦（東京ドーム）で引退を発表した。

以上がイチローの代表的な球歴だ。

98年横浜優勝時の日本シリーズの相手は西武だったし、セ・パ交流戦は05年からなので、イチローと真剣勝負をしたことは残念ながらない。

それでもオープン戦で対戦したときの印象は鮮烈に覚えている。

捕手は投手が球を投じた瞬間、「よし！」と思えば、だいたい打者は見逃し、空振り。バットに当ててもファウル、凡打、ヒット……という順番になる。

なのに「よし！」と思った外角低目いいところにきたストレートを、ものの見事にレフト前に打たれた。

普通なら打てないエリアを打つ技術がある。見逃しだと思ってからバットが出てくる。ミートポイントを近くしても打てる。トップの位置からミートまでのスイングスピードが速かった。当時、私は日本人打者にそういう感覚を覚えたことがなく衝撃を受けた。

まだある。98年秋、横浜スタジアムで行われた日米野球。鈴木尚典と私を含めた何人かで打撃練習をしていた。そこに守備練習が終わったイチローが外野から戻ってきた。ロッカーまでバットを取りに行くのが面倒くさかったのだろう。

「尚典さん、ちょっとバットを貸してもらっていいですか」

「おお、これ使えよ」

尚典は、まだ一度も使ったことがない新しいバットを貸した。イチローは何度か素振りをしてバッティングケージに入った。5スイングして5球快音を響かせて終わった。

「尚典さん、ありがとうございました」

尚典と私は驚いて顔を見合わせた。**バットにはボールをとらえた跡が付くものだが、そ**

れが1か所しかない。同じ箇所に完璧に当てたのだ。芯に当てる技術が半端ではない。

当時、尚典は97年・98年と2年連続首位打者。イチローは94年から5年連続首位打者を継続中だった。

「やっぱイチローは、すげーよ!」

思えば98年、松坂大輔投手を擁(よう)する横浜高が甲子園春夏連覇、横浜ベイスターズ日本一。松坂は横浜ベイスターズを意中の球団に挙げながら、西武に指名されて入団した。

松坂がプロ入り1年目の99年、イチローから1試合3三振を奪って、「プロでやっていく自信が確信に変わりました」というコメントは流行語にもなった。

ときは流れ、松坂は18年に中日で6勝を挙げ復活したが、私は16年を最後に中日を退団していた。残念ながら松坂とバッテリーを組んでみたいという思いはかなわなかった。

だから、ここで私が松坂と架空のバッテリーを組んでイチローと対戦する。ストレートで圧をかけて、ファウルを打たせながら、スライダーで空振りを取りたい。もしくは、松坂の代名詞のスライダーに多少意識があるだろうから、少し(スプリット系を)落とす。

逆に、内角ストレートで空振りを取りにいく、詰まらせる。そのような抑え方になるのではないか。

私はイチローと野球について２人で深く話したことはあまりない。だが、メディアを通したイチローの発言を聞くと、「野球が好きなんだな」と実感する。

本人は「高校時代、あまり練習しなかった」と謙遜（けんそん）するが、そんなことはないと思う。やはり人知れず努力をしていたに違いない。そうでなければ高校３年間の通算成績５３６打数２６９安打、打率・５０２なんて数字が残せるはずがない。

イチローは「打席数や四球によって変動する打率より、自分は安打数にこだわりたい。たとえば打率が・４００で１９９本安打と、打率・３９９で２００安打なら、後者をめざす」という趣旨のコメントを残しているという。本人の野球に対しての価値観を感じる。

—35—

小笠原道大

内野手

「強打の２番」のパイオニア。両リーグ２年連続MVP

●73年10月25日生まれ、千葉県出身。178センチ、84キロ。右投げ左打ち

●暁星国際高→NTT関東→日本ハム（97年ドラフト3位〜06年）→巨人（07年〜13年）→中日（14年〜15年）

★通算19年＝1992試合、2120安打、打率・310、378本塁打、1169打点、63盗塁

★首位打者2回、本塁打王1回、打点王1回、最多安打2回

★MVP2回、ベストナイン7回、ゴールデングラブ賞6回、球宴11回

★主な記録＝「3割30本80打点」9回（歴代2位）、両リーグMVP、サイクルヒット

小笠原道大選手は捕手として97年に日本ハムに入団したが、当時は野口寿浩捕手（ヤクルト↓日本ハム↓阪神↓横浜）がレギュラーに定着しており、打撃を生かして内野手に転向した。

大きな構えの「神主打法」は、打撃コーチの加藤英司さん（阪急↓広島↓近鉄↓巨人↓南海）、同じ97年に巨人から日本ハムに移籍した落合博満さんの影響を受けたようだ。

当時の上田利治監督の方針でガッツ（小笠原）は2番を任された。最近流行の「2番強打者説」のパイオニア的存在である。

強打の2番打者としては、04年嶋重宣（広島↓西武）と15年川端慎吾（ヤクルト）が首位打者に、19年坂本勇人（巨人）が40本塁打を放ち、活躍している。

さて、ガッツが2番を任された**99年は全135試合出場156安打、打率・285、25本83打点、0犠打。「送りバントをしない2番打者」**として、レギュラーに定着。松坂大輔投手のプロ初登板の試合で初被弾となる2ランを浴びせた。

以降、クリーンアップを任されるようになり、00年から03年まで「打率３割30本80打点」を４年続け、ＦＡ移籍した巨人でも07年から10年まで４年続ける。**この「打率３割30本80打点」計9回は、王貞治さんに続く2位らしい。**

近年、「日本ＮＯ・１打者」の評価でメジャー移籍した広島の鈴木誠也が「打率３割25本75打点」を６年続けたが、ガッツの強打が推し測れるというものだ。

特に、06年・07年、**セ・パ両リーグをまたいでの2年連続MVP獲得は史上初の快挙だった。**

・06年日本ハム＝１３５試合１５５安打、打率・３１３、32本１００打点
・07年巨人＝　１４２試合１７７安打、打率・３１３、31本　88打点

同一リーグの巨人時代はもちろんのこと、06年に日本ハム時代のガッツと日本シリーズで私は戦っている。だから対戦はかなり多かった。

内角は少しだけ弱点があったので、詰まらせたいなと思いながらファウルを打たせて、外角に落ちるボールで引っ掛けさせる。それが基本の攻め方だった。

とはいえ、左投手も苦にせず、結構コンスタントに打っていて、誰が苦手投手だということはなかった。

あれだけ強く振って、球をよくとらえることができるものだと感心した。「そこまで振らなくてもいいいんじゃないか」というくらい振っていた。それがガッツのスタイルだったのだろう。

11年に巨人で通算2000安打を達成、14年からは私がプレーイング・マネージャーを務める中日に移籍してきた。

41歳のシーズンで「代打の切り札」として活躍。チームが困った状況で、いい打撃を間近で見せることは、若手の手本になる。

技術を感じ取る部分は人それぞれ違うだろうが、特に「試合に入る準備」「打席に対する準備」というものには本当に抜かりがなかった。

—36—

高橋由伸

外野手

バットで投球をとらえる技術が傑出した「天才打者」

●75年4月3日生まれ、千葉県出身。180センチ、87キロ。右投げ左打ち

●桐蔭学園高〈甲子園〉→慶大→巨人（98年ドラフト1位〜15年）

★通算18年＝1819試合、1753安打、打率・291、321本塁打、986打点、29盗塁

★ベストナイン2回、ゴールデングラブ賞7回、球宴9回

★主な記録＝11打数連続安打、初回先頭打者本塁打シーズン9本（日本記録）

高橋由伸選手は慶大時代、田淵幸一さん（法大↓阪神↓西武）の持つ東京六大学の本塁打記録22本を破る23本を放ち、鳴り物入りで巨人に入団した。

右足を高く上げる打法で、初球から積極的に打ち、広角に打球を飛ばした。

１年目の98年は１２６試合、打率・３００、19本75打点の成績を残した。このシーズンの新人はほかにも坪井智哉（ともちか）選手（阪神↓日本ハム↓オリックス）が打率・３２７、小林幹英（かんえい）投手（広島）が９勝18セーブと素晴らしい成績を挙げていた。

中でも由伸と、14勝を挙げた川上憲伸投手（中日）の２人が双璧だったが、両者の直接対決は22打数１安打、１本塁打で、憲伸が新人王を受賞した。

「由伸は自分との対決では本塁打しか狙っていなかったようだ」（川上）

由伸が新人の98年、横浜が優勝したのだが、横浜スタジアムで巨人と10点以上取り合う乱打戦になった試合があった。佐伯貴弘がストッパー・槙原寛己さんのボークを打ち直して本塁打した。

場内が騒然とする中、由伸が本塁打を打った。あの状況で高目に抜けた投球を冷静にしっかり自分のスイングで仕留めるあたり、新人なのにただ者ではないと感じた。

プロ2年目の99年には打率・315、34本98打点。その年以降も11打数連続安打、初回先頭打者本塁打シーズン9本など、日本記録をマークした。

私が中日に移籍したのは02年。**憲伸とバッテリーを組んで由伸と対戦するときは、やはり決め球のカットボールを多めにして意識させながら、外からのカットボールで見逃しを取りにいくか、フォークボールで引っ掛けさせた。**いずれにせよ、いろいろな攻め方をしないと抑え切れなかった。

由伸は「天才打者」と表現されることが多い。**バットで投球をとらえる技術が傑出しているところが「天才」と評価されるゆえんだと私は思う。いわゆる打撃センスだ。**

特にベルトから上の投球をとらえる技術は本当に高かった。投手の失投もかなり高い確率でヒットにできる打者だった。

中日が04年・06年・10年・11年と、巨人は02年・07年〜09年・12年〜14年と、両チームが交互にリーグ優勝をしていた時期があった。

長きにわたりライバル・巨人の中心打者として大躍進を遂げた。しかし、由伸も打撃3部門ではなぜか無冠なのである。

—37—

新庄剛志

内野手・外野手

走者がいるとき何か
やりそうだった意外性の男

●72年1月28日生まれ、福岡県出身。181センチ、76キロ。右投げ右打ち

●西日本短大付高→阪神（90年ドラフト5位～00年）→メッツ（01年）→ジャイアンツ（02年）→メッツ（03年）→日本ハム（04年～06年）

★日米通算17年＝1714試合、1524安打、打率・252、225本塁打、816打点、82盗塁

★ベストナイン3回、ゴールデングラブ賞10回、球宴7回

★主な記録＝日本人初4番スタメン、日本人初満塁本塁打、日本人ワールドシリーズ初出場、1試合5安打（米）

ＢＩＧＢＯＳＳこと日本ハムの新庄剛志監督に依頼され、私は「新庄殿の８人」の一人として、22年春季キャンプ臨時コーチで捕手技術を教えにいった。

私と新庄は、なぜか「最終打者と捕手」としての縁があった。もうずいぶん昔のことだから時効だろう。「打者と捕手だけの空間」の話だ（編集部注／くわしくは「谷繁ベースボールチャンネル」）。

思い出は98年にさかのぼる。横浜の優勝は甲子園球場で決まった。その直前、横浜１点リードの９回裏二死二塁、一打同点の場面で打席は新庄（阪神時代）。

――「おい新庄、もういいだろ。優勝させてくれよ」

新庄はそれにこたえ、周囲にわからないように三振した。横浜歓喜の胴上げだ。

私もその「お返し」をした。日本ハム３勝１敗で迎えた中日との06年日本シリーズ第５戦。日本ハムが日本一になるのだが、新庄はこのシーズンを最後に現役引退することを公言していた。

展開的に新庄の現役最終打席だった。引退のはなむけではないが、納得して悔いのない終わり方をしてもらいたかった。

――「おい、泣くな新庄。まっすぐ行くぞ」

新庄はさらに泣いて、三振した。

その試合、左中間に飛んだウイニングボールをレフトの森本稀哲（ひちょり）（日本ハム→横浜→西武）がつかんで、そのままセンターの新庄と抱き合った。大観衆の最後の視線は新庄に集まった。やはり新庄は「球運を持っていた」。かつて、そんなことがあったのだ。

さて、阪神時代は１４５本塁打中、実に１４１本がセンターより左方向というプルヒッターだった。94年にヤクルトのストッパー・高津臣吾さんからサヨナラ満塁弾を放っている。

00年には阪神の４番で打率・２７８、28本85打点の成績を残し、イチロー選手とともに、01年から日本人野手初のメジャー・リーガーになった。

何の球種を待っているのか読みづらい。試合展開によっては、特に走者のいるときは何かやらかすのではないかという「意外性」の雰囲気を常に持っていた。

そんな新庄への配球はオーソドックスな攻め方だった。ストレートで追い込んで、変化球で打ち取る。その変化球が甘くなれば打たれたし、しっかり決まれば空振りを取れるか、ゴロになる。そんな感じだった。

日本ハムで日本球界に復帰した04年からは登録名をＳＨＩＮＪＯと変え、３年間で60本塁打を放った。

ゴールデングラブ賞10回の外野守備は、福本豊さん12回、秋山幸二さん11回に次ぐ歴代3位と超一流である。

そして守備ばかりが脚光を浴びるが、打撃も日米通算１５２４安打、２２５本塁打は十分、一流の部類である。

—38—

立浪和義

内野手

ポイントゲッター&チャンスメーカーの二塁打王

●69年8月19日生まれ、大阪府出身。173センチ、70キロ。右投げ左打ち

●PL学園高〈甲子園〉→中日（88年ドラフト1位～09年）

★通算22年＝2586試合、2480安打、打率・285、171本塁打、1037打点、135盗塁

★ベストナイン2回、ゴールデングラブ賞5回、球宴11回、新人王

★主な記録＝日本最多の通算487二塁打、ベストナインを二塁・三塁で受賞、ゴールデングラブ賞を遊撃手・二塁・三塁で受賞。サイクルヒット

私より1歳上。

PL学園高は87年、打者で立浪和義さん（中日88年ドラフト1位）・片岡篤史さん（同志社大↓日本ハム92年ドラフト1位↓阪神）・2年生の宮本慎也選手（同志社大↓プリンスホテル↓ヤクルト95年ドラフト2位）、投手で野村弘樹さん（横浜大洋88年ドラフト3位）・橋本清さん（巨人88年ドラフト1位↓ダイエー）らそうそうたるメンバーを擁し、甲子園春夏連覇を果たした。

清原和博さんの項でも書いたが、「高卒野手1年目」で新人王を受賞したのは、中西太さん、豊田泰光さん、榎本喜八さん、張本勲さん、清原和博さん、立浪和義さんの6人だけ。しかも「高卒野手1年目」で遊撃手としてゴールデングラブ賞を受賞したのは立浪さんただ一人である。

ちなみに、平成時代の30年間で「高卒投手1年目」として2ケタ勝利を挙げたのは、99年の西武・松坂大輔投手（横浜高）、07年の楽天・田中将大投手（駒大苫小牧高↓楽天↓ヤンキース↓楽天）、13年の阪神・藤浪晋太郎投手（大阪桐蔭高）の3人だけ。

最近、「甲子園で大活躍したヒーローがプロで活躍するまでに時間がかかる」と言われるが、過去の例を見ても、高卒1年目から活躍するのはなかなか難しい。

立浪さんは高卒1年目から長きにわたりプロで活躍してきた。98年は私が在籍した横浜が優勝し、翌99年は立浪さんが主力だった中日が優勝した。

立浪さんの打撃で特筆すべきは、日本最多の487二塁打ということだろう。通算2000安打以上打った打者の中で、171本塁打は多い部類ではない。しかし二塁打は、走者がいれば本塁に迎え入れることができるし、同時にみずからの力だけで得点圏に進入する。ポイントゲッターにもチャンスメーカーにもなりうるだけに価値は高い。

相手チームで対戦した立浪さんは、内角を打つのがすごく上手いという感じがした。外角の出し入れで時折タイミングをずらす。内角で足元を動かす。そうやりながらまた外角低目に戻る。そんな感じの配球だった。

それでも、いろいろな球種をヒットにできる。ストレートだけでなく、変化球もヒットにする技術を持つ打者だった。穴が少なかった。左投手に対しても、打ちに出る右肩の壁が全然崩れない。しかも、怖がらないで踏み込んでいく。

私が中日に移籍した02年の打率・３０２、92打点をはじめ、３年連続70打点。「ミスタードラゴンズ」の勝負強い打撃が光った。

―39―

鈴木誠也

外野手

平成から引き継がれた「スラッガーの系譜」

●94年8月18日生まれ、東京都出身。181センチ、98キロ。右投げ右打ち

●二松学舎大付高→広島（13年ドラフト2位〜21年）→カブス（22年〜）

★日米通算10年＝1013試合1041安打、打率．309、196本塁打、608打点、91盗塁

★首位打者2回

★ベストナイン6回、ゴールデングラブ賞5回、球宴5回

★主な記録＝2試合連続サヨナラ本塁打。6年連続「打率3割25本塁打75打点」、6試合連続本塁打

私は14年と15年に中日のプレーイング・マネージャーを務め、16年から監督専任だった。鈴木誠也選手は、プロ3年目の15年に58安打、5本塁打を放って頭角を現した。

出始めのころは大きな穴があった。ストレートだけ待っているような状態だった。外に逃げるボール球に手が出ていたので、7～8割変化球で攻めて、さらに変化球で空振りを取りにいった。

サイドスローの又吉克樹投手（中日→ソフトバンク）など、横の揺さぶりがある投手には苦戦していた。それを少しずつ見逃せるようになった。年々体が強くなってバットを強く振れるようになった。

実は、石井琢朗の紹介もあって、誠也は16年1月の自主トレで当時ソフトバンクの内川聖一選手（横浜→ソフトバンク→ヤクルト）に弟子入りしている。

「投球をとらえたとき、左ヒジが外に逃げるクセがあって、上手く力が伝わらないんです」（誠也）

「体の中で打球をとらえろ。正対しているくらいの気持ちで打ってみろよ」（内川）

16年に、誠也は2試合連続サヨナラ弾を含む3試合連続決勝弾をマーク。「神ってる」という流行語を生み出した。ついにこの年、「スラッガー（強打者）・鈴木誠也」が完成した。この16年から広島リーグ3連覇に貢献、また「打率3割25本75打点」を6年連続でクリアしている。

19年のプレミア12では、投げてはエース・山本由伸投手（オリックス）が好投、打っては4番・誠也が3試合連続アーチを放ち、日本の金メダル獲得に貢献。「日本に鈴木誠也あり」を世界に知らしめた。

私が中日を退団し、評論家として春季キャンプを見にいったときのこと。スタンドから打撃練習を見ていると、すごい打球音が聞こえてきた。他の選手と全然違う。誰だと思って見たら誠也だった。

08年の横浜時代に右打者最高打率・378を残し、両リーグ首位打者（11年ソフトバンク打率・338）に輝いている内川を「平成最強の右打者」、誠也を「令和最強の右打者」だと私は思っている。「強打者の系譜」だ。

2人ともタイミングをとってボールを長く見る。打ちにいくまでの時間が長い。バットのトップの位置がよく、腕の使い方が上手い。

現在の誠也は変化球を待ってとらえられる。私が誠也と対するなら、本来の打撃の形を崩したい。やはり詰まるのを嫌がっていると思うので、投手が速い球を持っているなら内角を攻めて意識させ、最後は外角に持っていく。外角の変化球に意識があると感じれば、内角ストレートで詰まらせる。そういう形になるだろう。

そういえばポスティングシステムで選手をメジャーに送り出したチームのジンクスがある。過去、「絶対エース」が抜けても優勝しているが、逆に「主力の強打者」が抜けたチームはことごとく順位を落としているのだ（○ 順位上昇、△ 変わらず、× 順位下降）。

以下は、投手の例である。

【セ・リーグ】

△ 石井一久（ヤクルト→ドジャース）：01年日本一→02年以降3年間Aクラス

× 井川慶（阪神→ヤンキース）：06年2位→03年・05年以来優勝できず
○ 前田健太（広島→ドジャース）：15年4位→16年から3連覇

【パ・リーグ】

△ 松坂大輔（西武→レッドソックス）：06年2位→07年5位、08年日本一
○ ダルビッシュ有（日本ハム→レンジャーズ）：11年2位→12年優勝
× 田中将大（楽天→ヤンキース）：13年日本一→14年最下位
○ 大谷翔平（日本ハム→エンゼルス）：17年5位→18年3位
△ 菊池雄星（西武→マリナーズ）：18年優勝→19年優勝

次に、主力打者の例を挙げる。

【セ・リーグ】

× 岩村明憲（ヤクルト→デビルレイズ）：06年3位→07年最下位
× 青木宣親（ヤクルト→ブルワーズ）：11年2位→12年から3位、最下位、最下位
× 筒香嘉智（DeNA→レイズ）：19年2位→20年から4位、最下位

【パ・リーグ】

×　イチロー（オリックス→マリナーズ）：00年4位→01年〜20年まで2位2回、ほかはすべてBクラス
×　西岡剛（ロッテ→ツインズ）：10年下剋上日本一→11年最下位
△　中島裕之（当時の表記）（西武→アスレチックス〈マイナー〉）：12年2位→13年2位、14年5位
○　大谷翔平（日本ハム→エンゼルス）：17年5位→18年3位

完投が減って分業制が進んだ現代の野球において、投手の代わりは何とかなるが、それこそ「打率3割25本75打点」クラスの強打者はおいそれとは出てこない。翌年はしのげても、ボディーブローのように効いてくる。

誠也にしてもレギュラー定着まで4年を要している。22年、広島は誠也移籍後のペナントレースで開幕6連勝と快調なスタートを切ったが、結局5位に終わってしまった。

―40―

村上宗隆

内野手

1球の投げミスをも逃さない、尋常ならざるスイングスピード

●00年2月2日生まれ、熊本県出身。188センチ、97キロ。右投げ左打ち

●九州学院高〈甲子園〉→ヤクルト（18年ドラフト1位～）

★通算5年＝553試合、543安打、打率・281、160本塁打、430打点、40盗塁

★首位打者1回、本塁打王2回、打点王1回

★MVP1回、ベストナイン2回、球宴3回、新人王

★主な記録＝三冠王1回（史上最年少）、5打席連続本塁打（日本記録）、シーズン本塁打数日本人最多56本

最後に「捕手として対戦してみたい打者」を挙げる。

トリプルスリーの山田哲人選手（ヤクルト）と柳田悠岐（ゆうき）選手（ソフトバンク）、首位打者と40本塁打の坂本勇人選手（巨人）、本塁打と打点の二冠王・岡本和真選手（巨人）は対戦したことがある。

先述したが、私は15年シーズンを最後に現役を引退し、16年は監督専任だったので、16年以降にプロ入りした選手と対戦したい。

しかも、マスクをかぶって後ろから打撃を見ていてワクワクするような打者と対戦したい。ワクワクするとは、すごい技術があるとか、バットをすごく振り切るとか。

まずは、なんといっても、**ヤクルトの村上宗隆選手**。

村上の「高校卒業後４年目までの成績」は、清原和博さんや松井秀喜選手に並ぶ数字を残していた。

村上宗隆＝４１２試合３８８安打、打率・２６８、１０４本２９６点＝４年目ＭＶＰ

清原和博＝５１４試合４９３安打、打率・２８３、１２６本３３０点＝無冠

松井秀喜＝４４８試合４８４安打、打率・２８９、91本２７２点＝４年目ＭＶＰ

それが、プロ5年目の22年、5打席連続アーチを含むシーズン56本塁打、三冠王を達成し、この2人を完全に超えてしまった。

22年23歳の村上はいろいろ「史上最年少記録」を作っているが、史上最年少ということは、つまり「これまで存在しなかった」すごい選手だということになる。通算５００本、６００本を打つ選手になってほしい。

私が村上を評価するのは打点が多く、チームに貢献できること。30本塁打で60打点くらいならソロ本塁打が多いということになるが、21年は39本で１１２打点、22年は56本で１３４打点だ。

私は5打席連続アーチ（8月2日）と50号本塁打（9月2日）を目撃している。

前者は中日の柳裕也投手がチェンジアップ、カーブ、チェンジアップ、カウント１ボール２ストライクからまたカーブを真ん中近くに投じた。遅いカーブはボール球にしなくてはならない。もしくは、なぜ１球内角に投げて足元を動かさなかったのか。

後者は同じく中日の大野雄大（ゆうだい）投手が４球カットボールを連投した。これもカウント１ボール2ストライクからの真ん中近く。村上が1球の投げミスを逃さず打った。村上のスイングスピードは尋常ではない。

ほかにセ・リーグでは**牧秀悟選手**（DeNA）。「新人の打率3割20本塁打」は、58年の巨人・長嶋茂雄さん、81年の西武・石毛宏典さん、86年の西武・清原和博さんに次ぐ史上4人目だ。22年も20本塁打をクリアし、押しも押されもせぬ4番打者に定着した。穴が少なく見える。どの投手に対しても素直に打ち返す。逆方向にも打てるし、内角もさばけるし、変化球も甘いところにきたら打つという形ができている。

さらに21年、田淵幸一さんの新人球団記録22本塁打を破る24本を放った**佐藤輝明選手**（**阪神**）。22年も20本。これらの若い好打者たちと対戦してみたら、私はどういうリードをするだろうか。

パ・リーグでは、レッドソックスに移籍が決まった前オリックスの**吉田正尚**（まさたか）**選手**。いい打者だと思う。**構えに隙がない。打ち方に無駄がない。投球をとらえる技術がある。**おまけに１７３センチと大きくないが、体の芯がめちゃくちゃ強そうで、スイングはクルッと回ってカッコいい。

吉田の２年連続首位打者はさすがだ。22年の日本シリーズでも劇的な本塁打を放った。**三振が少ない。選球眼がよくて四球も選べる。**吉田をどうやって抑えるかを考えるのは楽しみだ。

吉田が指名された15年秋のドラフト、私は中日の監督２年目だった。青学大４年の吉田は大学日本代表の４番を打っていて、木のバットでバックスクリーン右にライナーでぶち込んだのを見た。

ちなみに、その年のドラフト会議で中日は高橋純平投手（県岐阜商高→ソフトバンク）を１位の抽選で外して、小笠原慎之介投手（東海大相模高）を指名した。

私が選ぶ対戦選手ベストナイン

最後に、あとがきに代えて、平成以降の選手で、私が選ぶベストナインを挙げてみたい。

まず投手は**ダルビッシュ有投手（日本ハム→レンジャーズほか）**だ。「変化球は自分の中でアートだ」と語っているそうだ。それだけに代表的なスライダーをはじめ、球種の数はカットボール、シンカー、カーブ、フォーク、チェンジアップなど、全部で10種類とも11種類とも言われている。普通そんなにあれば何かが劣るものだが、全部をカウント球にも勝負球にも使える。だから私の中ではダルビッシュがダントツの投手だ。

捕手として投球を受けたことはないが、06年と07年の日本シリーズで私は打者としてダルビッシュと対戦している。

06年第1戦6回3失点で敗戦投手。第5戦7回1失点で勝利投手。4勝1敗で日本ハムが日本一。

07年第1戦9回1失点13奪三振完投で勝利投手。第5戦7回1失点で敗戦投手も、11奪三振。中日が4勝1敗で日本一。この第5戦は、山井大介投手―岩瀬仁紀投手の「継投・完全試合」だった。

私は98年の対西武戦から、日本シリーズに計6回出場して計27安打している。しかし、ダルビッシュが相手だと、先ほど述べたように全部の球種が脅威なので、まったく打てそうな気がしなかった。打てればラッキーくらいに思っていた。だから、ダルビッシュから打ったヒットは、長い27年のプロ野球人生で3本の指に入るくらい嬉しいヒットだった。内角高目のストレートを詰まりながらセンター前に持っていったことをよく覚えている。

それにしても、いい投手はまだたくさんいる。

岩瀬仁紀投手（中日）は、通算1002試合登板。「1000試合」って野手じゃないんだから……（笑）。

佐々木主浩さん（横浜ほか）は98年のリーグ優勝時、51試合に投げて45セーブ自責点4、防御率0・64。まさに「無双」状態だった。

かつてNPBの記録部長が非公式に「リリーフ投手を名球会に入れる条件変更をするの

なら、セーブは０・５勝かな」と言っていたことがあるらしい。つまり通算４００セーブ。

私は個人的には通算３００セーブが妥当かと思っていた。**03年終了時点で名球会が入会条件として新たに出した数字は通算250セーブ。**

最終的に日米通算３８１の佐々木さんは当時３５８、日米通算３１３の**高津臣吾さん（ヤクルトほか）**は当時２６０、通算４０７の岩瀬は当時わずか４だった。

しかし、２５０セーブ直前で失速、息切れする投手が多い。藤川球児投手（阪神ほか）が日米通算２４５、サファテ投手（広島→西武→ソフトバンク）が日米通算２３４、小林雅英投手（ロッテ→インディアンス→巨人→オリックス）も２３４。

そういう意味では「２５０セーブ」で妥当であった。１年25セーブを10年続けなくてはいけない数字だ。

通算２００勝にしても、先発ローテーションに入ってシーズン25試合先発、その6割に勝って15勝。それを10年続けてもまだ１５０勝だから、かなり大変だ。21年と22年、セ・リーグの最多勝は13勝である。

野手の名前を挙げる前に一つ説明しておくと、私はベストナインを選ぶとき、「まず守れる。次に打てる選手」を基準に考える。

捕手は**古田敦也さん（ヤクルト）**だ。同じポジションを守る人間として考えた場合、捕手に大事なリード、キャッチング、スローイングなど、すべてを兼備している。守っては司令塔、打っても捕手ながら首位打者、1試合4本塁打。4番を任されたこともある。攻守にわたり、チームの優勝に貢献している。

試しに平成以降22年まで、捕手で「ベストナイン＋ゴールデングラブ賞＝7回以上の選手」を調べてみた。34年間で6人しかいない。

【パ・リーグ】

● 伊東勤（西武）：通算22年、２３７９試合、ベストナイン10回、ゴールデングラブ11回＝計21回

● 城島健司（ダイエー→マリナーズ→阪神）：通算18年、１７８５試合、ベストナイン6

回、ゴールデングラブ8回＝計14回

●甲斐拓也（ソフトバンク）：通算12年、765試合、ベストナイン3回、ゴールデングラブ6回＝計9回

【セ・リーグ】

●谷繁元信（横浜大洋→中日）：通算27年、3021試合、ベストナイン1回、ゴールデングラブ6回＝計7回

●古田敦也（ヤクルト）：通算18年、2008試合、ベストナイン9回、ゴールデングラブ10回＝計19回

●阿部慎之助（巨人）：通算19年、2282試合、ベストナイン9回、ゴールデングラブ4回＝計13回

ベストナイン一塁手は、**清原和博さん（西武→巨人→オリックス）**だ。4番打者らしい雰囲気を持っている。日米通算500本塁打以上の9打者において、左・中・右と3方向へ100本以上ずつ打ち分けているのは清原さんだけだという。本塁打を狙えば、たぶん

もっと打ったと思う。しかし、「いまこの打席は何が必要なのか」を常に考えて打席に入っていたように思う。

清原選手を評した話を野球記者に伝え聞いたことがある。

「江夏豊さん（阪神↓南海↓広島↓日本ハム↓西武）は『チーム打撃で右方向にも打つ中で、自分の打撃を追求して本塁打を放つ。無冠の帝王がキヨの代名詞だが、無冠であっても帝王と冠せられるところにキヨのすごさがある』と語っていました。掛布雅之さんが94年優勝の西武を取材したとき、清原選手は『デストラーデが92年、秋山幸二さんが93年を最後に西武を退団した。すごく大変です、と胸中を吐露した』そうです」

2番打者の送りバントは「犠牲バント」とよく表現されるが、「犠牲打撃」をこなせた4番打者。97年から05年までセ・リーグで清原さんと対戦したときも、私にはその印象がとても強い。

清原さんは打撃タイトルこそ手中にしていないが、ゴールデングラブ賞を5回。私がプロ2～3年目のころ、西武とのオープン戦の試合前のノック。打球を捕って送球する清原さんの安定した守備に驚いた。好守でフォア・ザ・チームを実践していた。

巨人から移籍し、98年横浜マシンガン打線の一人として一緒に優勝を経験。通算２００0安打を横浜で達成した**駒田徳広さん（巨人→横浜）**もゴールデングラブ賞10回の名手だった。

小笠原道大選手（日本ハム→巨人→中日）は入団時捕手だったのが、一塁手でゴールデングラブ賞5回、三塁手で1回。「打率3割30本80打点」を9回マークした。

二塁手は上手い選手がたくさんいて、各選手に特長があるので、一人に絞るのが難しい。**荒木雅博選手（中日）**の守備範囲の広さには度肝を抜かれた。05年に横浜から中日に移籍してきた一塁・ウッズの守備範囲もカバー。だから05年に最多守備機会の二塁手日本記録を作った。ゴールデングラブ賞を6回。もちろん通算２０００安打もマークしている。

だが、ゲッツーを確実に多く取ってくれた二塁手は**ロバート・ローズ（横浜）**だ。首位打者や史上2位の１５３打点でタイトルを獲得。

現役の選手では、打撃を含めて安定感が出てきた**菊池涼介（広島）**。13年はリーグ二塁手最多のシーズン18エラーもしているが、翌14年は二塁手シーズン最多補殺535をマークしたし、20年はエラーなし、驚異の守備率10割。22年まで10年連続ゴールデングラブ賞を手中に収めている。

昭和から平成にかけて活躍した**篠塚和典さん（巨人）**の華麗な二塁守備も好きだった。ゴールデングラブ賞4回、首位打者2回。

三塁手は、**石毛宏典さん**（西武→ダイエー）が遊撃手ゴールデングラブ賞5回のあと、コンバートされて三塁手ゴールデングラブ賞5回の計10回。通算1833安打。

ただ、私が選ぶベストナイン三塁手は**中村紀洋選手（近鉄→中日ほか）だ**。パ・リーグで5回、セ・リーグ（中日）で2回、ゴールデングラブ賞を受賞している。打っても通算2101安打、404本塁打だ。

遊撃手も名手がたくさんいる。通算2000安打をマークした選手が実に5人も思い浮かぶ。これも一人に絞るのは難しい。

石井琢朗選手（横浜大洋→広島）がゴールデングラブ賞1回（ほかに三塁手で3回）。**宮本慎也選手（ヤクルト）**は6回（ほかに三塁手で4回）。堅実な守備だった。**松井稼頭央選手（西武→楽天→西武）**が4回、**坂本勇人選手（巨人）**が5回、**鳥谷敬選手（阪神→ロッテ）**が4回。

川相昌弘さん（巨人→中日）は6回、さらに世界最多の通算533犠打ということで加えたい。

外野手は、**前田智徳選手（広島）**がゴールデングラブ賞4回、**イチロー選手（オリックスほか）**が日本で7回。**松井秀喜選手（巨人ほか）**が3回。いずれも球史に残るスラッガーだ。

それ以外にも首位打者を獲得した**稲葉篤紀**（あつのり）**選手（ヤクルト→日本ハム）**は、高田繁さん（巨人）や西村徳文さん（ロッテ）に続く史上3人目の「内外野ゴールデングラブ賞」受賞。

秋山幸二さん（西武→ダイエー）がゴールデングラブ賞11回。80年代後半から90年代前半にかけての西武黄金期で、通算2000安打に到達したのは清原さんと秋山さんだけだ。

和田一浩選手（西武→中日）は、大杉勝男さん（東映→ヤクルト）、落合博満さん（ロッテほか）に続く史上3人目の「両リーグ1000安打」をマークした。

ベンちゃん（和田）は意外と俊足で打球を追いかけるし、捕手から外野手に転向したので、捕ってからの送球が速い。ゴールデングラブ賞は受賞していないが、リーグ最多補殺を記録したシーズンが実は3回もある。10年と11年の中日優勝に貢献してくれた。

昔ながらの細めの長いバットで、インサイドのボールのさばきがえげつないほど上手かった。西武時代に2004年の日本シリーズで対戦した時、川上憲伸のシュートを詰まりながらポール際にホームランを打って、なんだコイツはと思った（笑）。空振りすると、ひっくり返りそうになるくらい常にフルスイングだった。

谷繁元信（たにしげもとのぶ）

1970年、広島県生まれ。右投げ右打ち、176センチ・81キロ。島根・江の川高校（現・石見智翠館高校）卒業。'88年ドラフト1位で横浜大洋ホエールズ（現・横浜DeNA）入団。2002年、中日ドラゴンズに移籍。'14年からはプレーイング・マネジャーを務め、'15年限りで現役を引退すると、翌年から専任監督に。通算成績は2108安打、打率.240、229本塁打、1040打点。通算3021試合出場は日本記録、捕手として2963試合出場は世界記録。ゴールデングラブ賞6回、ベストナイン1回、最優秀バッテリー賞4回受賞。オールスターゲーム12回出場。著書に『勝敗はバッテリーが8割　名捕手が選ぶ投手30人の投球術』（幻冬舎）、『谷繁流キャッチャー思考 当たり前の積み重ねが確固たる自信を生む』（日本文芸社）がある。

谷繁ベースボールチャンネル
https://www.youtube.com/channel/UC64uGOYi7v1ClET3GJVlYyA

谷繁ノート
強打者の打ち取り方

2023年1月30日　初版1刷発行

著　者　谷繁元信
発行者　三宅貴久
発行所　株式会社 光文社
〒112-8011　東京都文京区音羽1-16-6
電話　編集部 03-5395-8147　書籍販売部 03-5395-8112　業務部 03-5395-8125
メール　kikaku@kobunsha.com
落丁本・乱丁本は業務部へご連絡くだされば、お取り替えいたします。
印刷所　萩原印刷
組　版　萩原印刷
製本所　ナショナル製本

ISBN 978-4-334-95359-1